Carl Frick

**Die Quellen Augustins**

Im XVII. Buche seiner Schrift de civitate dei

Carl Frick

**Die Quellen Augustins**
*Im XVII. Buche seiner Schrift de civitate dei*

ISBN/EAN: 9783743612136

Hergestellt in Europa, USA, Kanada, Australien, Japan

Cover: Foto ©Lupo / pixelio.de

Manufactured and distributed by brebook publishing software (www.brebook.com)

Carl Frick

**Die Quellen Augustins**

# Die Quellen Augustins

## im XVIII. Buche seiner Schrift

## de civitate dei.

Von
Dr. Carl Frick.

Beilage zum Programm des König Wilhelms-Gymnasium zu Höxter.

HÖXTER.
Druck von C. D. Flotho.
1886.

1886. Programm-No. 332.

# I.

Die Schilderung der terrena civitas, welche den Inhalt des XVIII. Buches von Augustins Schrift *de civitate dei* bildet, ist im wesentlichen nichts anderes als ein mehr oder minder ausführlicher, hier und da von theologischen Reflexionen durchsetzter Abriss der Weltgeschichte von Abrahams Zeiten bis abwärts auf die des Kirchenvaters. Eine Untersuchung über die Quellen dieses Stückes Geschichte ist abgesehen von dem, was Kettner, Varronische Studien p. 38 ff. bemerkt hat, noch nicht geführt, bedarf aber um so weniger der Rechtfertigung, als sich eine Reihe von Angaben in der Darstellung des Augustinus finden, die von besonderem Werte, zum teil sogar einzig in ihrer Art sind, für die doch aber die Gewähr des im grunde für andere Dinge interessierten Kirchenschriftstellers immerhin nur eine bedingte sein kann. Die nachstehende Abhandlung wird daher manchem, wie wir hoffen, nicht unerwünscht sein.

Wir beginnen mit ein paar Bemerkungen allgemeiner Art über die wichtigsten von Augustinus selbst citierten Gewährsmänner.

## Varro.

M. Terentius Varro wird von Augustinus im XVIII. Buche de c. d. im ganzen vierzehnmal citiert, darunter zehnmal ohne Angabe der benutzten Schrift (C. 3, C. 5 zweimal, C. 9, C. 10 dreimal, C. 17, C. 23, C. 40), viermal mit Berufung auf die Bücher *de gente populi Romani* (C. 2 zweimal,\*) C. 8, C. 13). Man hat deshalb längst vermutet, dass genanntes Werk von Augustinus vorzugsweise bei Abfassung des XVIII. Buches herangezogen sei, und namentlich hat Kettner gemeint, nicht bloss diejenigen Stücke, in welchen Varro ohne weiteren Zusatz citiert wird, sondern auch noch eine Anzahl anderer zur Rekonstruktion der Schrift *de gente populi Romani* verwerten zu können. Wie weit ein derartiges Verfahren Berechtigung verdient, muss vorläufig unentschieden bleiben. Dagegen erscheint es für den weiteren Gang unserer Untersuchung ratsam, einiges über Inhalt und Zweck der genannten Schrift Varros vorauszuschicken.

1. Mit Krahner die Bücher *de gente populi Romani* für wesentlich chronologischen Inhalts zu erklären, ist seit Ritschls Widerlegung (Rh. Mus. VI. p. 508 = Opusc. III. p. 446) niemandem wieder eingefallen. „Von alten Zeiten und Zeitperioden war allerdings darin

---

\*) Das zweite Mal (p. 258, 19 ed. Dombart) ohne Namhaftmachung des Varro.

die Rede, aber nur weil Varro darin und zwar sehr weit ausholend (vom *dilavium Ogygis* nach Augustin de civ. dei XVIII, 2. 8) die älteste Sagen- und Völkergeschichte überhaupt behandelte, nämlich um die *origines* der Römer bis zu den letzten Wurzeln zu verfolgen." *)
Einen weiteren Zweck der Bücher *de gente pop. R.* hat Kettner a. a. O. p. 60 f. unter glücklicher Verteidigung eines angezweifelten Citates (bei Servius Aen. VII, 176) darin erkannt, dass sie zeigen sollten, *quid (Romani) a quaque traxerint gente per imitationem*. In dieser Hinsicht berührte sich der Inhalt mit demjenigen der Bücher *de vita P. R.*, sowie auch der *Antiquitates rerum humanarum et divinarum*, freilich mit dem Unterschiede, dass die letztgenannten Werke mehr die fertigen römischen Zustände als die allmähliche Entwickelung derselben seit den ältesten, mit der griechischen Urgeschichte beginnenden Zeiten vor Augen führten.

2. Wird man der Schrift *de gente P. R.* auch den specifisch chronologischen Charakter absprechen müssen, so ist damit natürlich nicht ausgeschlossen, dass die Anordnung des Stoffes in derselben die chronologische war,**) dass sich hier und da rein chronologische Bemerkungen fanden, dass namentlich die Hauptabschnitte chronologisch genauer fixiert waren, wie solches von der deukalionischen Flut ausdrücklich bezeugt ist durch Arnob. adv. nationes V. 8 (ed. Oehler): *Varro . . . . in librorum quattuor primo quos de gente conscriptos Romani populi dereliquit, curiosis computationibus edocet, ab diluvii* (sc. *Deucalionis*) *tempore . . . . . ad usque Hirti consulatum et Pansae annorum esse milia nondum duo*. Im allgemeinen aber scheint Varro sich zur Aufreihung der Ereignisse für die Zeit der Republik der Consulfasten (s. die vorhergeh. Bem.), für die frühere Zeit der Königslisten in der Weise etwa wie Tatian oder der Chronograph des Clemens Alexandrinus bedient zu haben, so dass also nur die Regierungen ohne Angabe ihrer Dauer verzeichnet waren. Nach August. XVIII C. 2 *ab his enim Sicyoniorum regibus ad Athenienses pervenit, a quibus ad Latinos, inde Romanos* machten die sikyonischen Könige den Anfang, dann setzte die athenische Liste, zuletzt die latinisch-römische ein. Es würde ganz verkehrt sein, wollte man aus der Angabe des Augustinus folgern, es hätte bei Varro von der griechischen Geschichte nur die sikyonische und die athenische Berücksichtigung gefunden, dagegen z. B. die argivische nicht. Wenn die Argiverkönige fehlen, so hat dies gewiss nicht seinen Grund darin, dass die argivische Geschichte überhaupt zurückgesetzt war — das war schon unmöglich wegen der Beziehungen Agamemnons zum trojanischen Kriege, — sondern vielmehr in der Thatsache, dass die διαδοχή der Fürsten von Argos und Mykenä, wie dies aus den verschiedenen Recensionen der erhaltenen Listen zur Genüge erhellt, sehr wenig feststand.

---

*) Worte Ritschls a. a. O.
**) S. Ritschl a. a. O.

Hinsichtlich des hohen Alters des sikyonischen Reiches finden wir eine Bestätigung bei Euseb. Chronic. I., 171, 30 ed. Schoene (cf. Syncell. p. 181, 15) πάντων μὲν Ἑλλήνων παλαιότατοι τοῖς χρόνοις ἀναγράφονται Σικυώνιοι καὶ βασιλεῖς οἱ Σικυῶνος ἡγησάμενοι.*) Unbedenklich kann man diese Notiz auf die Chronica des Castor, die Hauptquelle für die griechichen Fürstenlisten im ersten Buche des Eusebius, zurückführen (vergl. Gelzer, Africanus II. p. 68 ff). Aus ebenderselben Quelle stammt aber auch, wie sich beweisen lässt, der Ansatz des Varro. Nach Augustin XVIII, 2 *regnum Sicyoniorum* . . . . . *a quo ille undecumque doctissimus Marcus Varro scribens de gente populi Romani, velut antiquo tempore, exorsus est* begann nämlich Varro seine Schrift mit der Geschichte der Könige von Sikyon; andererseits heisst es bei Augustin. XVIII, 8: *Varro inde exorsus est librum, cuius mentionem superius feci, et nihil sibi, ex quo proveniat ad res Romanas proponit antiquius quam Ogygi diluvium, hoc est Ogygi factum temporibus.* Combiniert man beide sich scheinbar widersprechende Angaben, so folgt, dass Varro zwar den Bericht über die ogygische Flut an die Spitze gestellt hatte, dass aber der Anfang des Sikyonierreiches jenem Ereignisse zeitlich sehr nahe gerückt war, daher Augustinus das eine Mal das *regnum Sicyoniorum*, das andere Mal das *diluvium Ogygi* für den Ausgangspunkt der varronischen Darstellung erklären konnte. Eine genauere Datierung gewinnt man für Ogyges aus der Betrachtung von Varro R. Rust. III, 1, 3 (ed. Keil): *Thebae, quae ante cataclysmon Ogygi conditae dicantur, eae tamen circiter duo milia annorum et centum sunt.* Danach kommt Ogyges entweder circa 2137 v. Chr. oder circa 2154 v. Chr. zu stehen, jenachdem man von $717/37$, dem Abfassungsjahr der Bücher über den Landbau, oder von $700/54$, dem Jahr des fingierten Dialogs von Bch. III, rückwärts rechnet. Im Resultat bleibt sich dies insofern gleich, als ja die Datierung Varros überhaupt nur eine ungefähre ist. Auch genügt es für unsere Zwecke zu erfahren, dass Ogyges dem Varro in die Zeit von 2160—2100 v. Chr fiel.**) Einen so hohen Ansatz nun hat von allen Schriftstellern vor Varro nur dessen älterer Zeitgenosse Castor, der Erfinder des Synchronismus Belus-Ogyges (Euseb. Chron. I, 54, 35). Dieser nämlich setzte das Ende der Herrschaft des Belus in das J. 2123 v. Chr. (1280+67 vor Ol. I. s. Euseb. I,

---

*) Nach der argivischen Tradition war Phoroneus der erste Mensch (Akusilaos frg. 14 Müller) Vgl. Aristid. 1 p. 307 Ἀργεῖοι παλαιότατοι τῶν Ἑλλήνων ἀξιοῦσιν εἶναι.

**) Hiermit stimmt freilich schlecht die Berechnung, welche Censorinus (de d. n. Cap. 21) angeblich aus Varro für die Zeit von der ogygischen Flut bis Ol. I. mitteilt: *non plane quidem scitur, sed tamen ad mille circiter et sescentos annos esse creditur* — also ogygische Flut 2376 v. Chr. Indessen stammt dieser Ansatz entweder aus einer früheren Schrift Varros (die Abfassung der Bücher *d. g. P. R.* fällt zwar nicht so spät als die der Bücher über den Landbau, aber immerhin nicht vor $711/43$) oder Censorinus hat die Ansicht Varros, den er wohl kaum direkt benutzte (Reifferscheid u. a. denken an Suetou als Mittelsmann), ungenau wiedergegeben.

51. 28. 55. 25: Brandis, de temp. Gr. a. r. p. 35), mithin Ogyges in dieselbe Zeit wie Varro; ferner liess er die Regierung des Aegialeus im J. 2120 v. Chr. (959+33+352 J. vor Ol. 1. Euseb. I, 174,19. 177. 4; Brandis a. a. O.) beginnen, was wiederum mit den Aufstellungen Varros harmoniert; endlich beruft sich Varro gerade in der Schrift *de gente p. R.* für ein angebliches Phänomen aus der Zeit des Ogyges auf Castor als Gewährsmann (Augustin. d. c. d. XXI, 8 = frg. 6 Peter). Das alles drängt zu dem Schlusse, dass der chronologische Rahmen, in welchen Varro seine Darstellung einfügte, und gewiss auch noch manches Andere aus der Chronik des Castor stammt.

## Eusebius — Hieronymus.

Die Chronik des Eusebius wird an folgenden Stellen des achtzehnten Buches citiert:

1. Cap. 8 p. 265,33 Domb.: *Nostri autem qui chronica scripserunt, prius Eusebius, post Hieronymus, . . . . . . secundo Argivorum Phoroneo rege regnante Ogygi diluvium fuisse commemorant.* (Euseb. Chron. II p. 17 o. ed. Sch.)

2. Cap. 10 p. 268,23: *ut autem nostri Eusebius et Hieronymus, adhuc eodem Cecrope permanente, diluvium fuit, quod appellatum est Deucalionis.* (Euseb. Chron. II p. 27 o. ed. Sch.)

3. Cap. 25 p. 289,32: *Eo tempore Pittacus Mitylenaeus, alius e septem sapientibus, fuisse perhibetur. Et quinque ceteros, qui, ut se tem numerentur, Thaleti, quem supra commemoravimus, et huic Pittaco addantur, eo tempore fuisse scribit Eusebius, quo captivus Dei populus in Babylonia tenebatur.* (Euseb. Chron. II. p. 91 m; p. 95 f.)

4. Cap. 31 p. 297,30: *Tres pro, hetae de minoribus, Abdias, Naum, Abacuc, nec tempora sua dicunt ipsi, nec in chronicis Eusebii et Hieronymi, quando prophetaverint invenitur. Abdias enim positus est quidem ab eis cum Michaea, sed non eo loco, ubi notantur tempora, quando Michaeam prophetasse ex eius litteris constat.* (Euseb. Chron. II p. 69 a.).

Alle diese Citate, auch diejenigen, in welchen Eusebius allein genannt wird, entstammen dem zweiten Teil seiner Chronik, den von Hieronymus übersetzten Canones. Überhaupt lässt sich im achtzehnten Buche keine einzige Angabe nachweisen, die auf den ersten Teil der eusebianischen Chronik zurückgeführt werden könnte,*) wie denn dieser in der That nur die Vorarbeiten für die Canones brachte und somit schon deswegen als historische Quelle schlecht zu verwerten war. Für die Canones aber auf das eusebianische Original zurückzugreifen, hatte Augustinus, zumal bei seiner Verehrung für Hieronymus, keine Veranlassung. Auch zeigen die Stücke, welche die weiter unten gegebene

---

*) Auch die in den andern Büchern *de civitate dei* auftretenden Eusebiuscitate (IV, 6 p. 153,9 ohne ausdrückliche Namhaftmachung des Eusebius; XVI, 16 p. 153,10 und 23) gehören den Canones an.

Quellenanalyse als aus den Canones hergeleitet erweisen wird, vielfach im Wortlaute und in der ganzen Fassung auffallende Übereinstimmung mit der Übersetzung des Hieronymus. Man wird daher annehmen können, dass Augustinus von der eusebianischen Chronik nur den zweiten Teil und diesen wiederum nur in der Übersetzung resp. Überarbeitung des Hieronymus benutzt habe.

## Julius Africanus.

Dass auch die von Augustinus zwar nirgends ausdrücklich citierten χρονογραφίαι des Julius Africanus zu den Quellen der Schrift *de civitate dei* gehörten, ist von K. Zangemeister für Bch. III, 15 p. 116, 26—30 durch Vergleichung von Africanus bei Syncell. p. 610, 3 ff. ed. Bonn. ( = Routh p. 183, 13—184,3) zur Evidenz erwiesen (s. Orosius ed. Zangemeister p. 443) und lässt sich für Bch. XVIII wenigstens wahrscheinlich machen.

1. Cap. 8 p. 265,33 *Nostri autem qui chronica scripserunt, prius Eusebius, post Hieronymus, qui utique praecedentes aliquos historicos in hac opinione secuti sunt. . . . iam secundo Argivorum rege regnante Ogygi diluvium fuisse commemorant.* Nach Africanus fiel die ogygische Flut in die Regierung des Argiverkönigs Phoroneus (s. Gelzer, Africanus I p. 137; Orosius ed. Zangemeister p. 49); ich verstehe daher unter den *praecedentes aliqui historici* den Africanus und seine Gewährsmänner, cf. African. bei Euseb. Praep. Evang. 10,7 ἀπὸ Ὠγύγου τοῦ παρ᾽ ἐκείνοις αὐτόχθονος πιστευθέντος, ἐφ᾽ οὗ γέγονεν ὁ μέγας καὶ πρῶτος ἐν τῇ Ἀττικῇ κατακλυσμός, Φορωνέως Ἀργείων βασιλεύοντος, ὡς Ἀκουσίλαος ἱστορεῖ κτλ.

2. Cap. 22 p. 284,28: *Et rex tunc* (sc. *tempore, quo Roma condita est) erat in Juda, cuius nomen erat Achaz rel. sicut alii computant, qui ei successit Ezechias etc.* Roms Gründung setzte Hieronymus in das 5. Jahr des Königs Achaz, Africanus dagegen in die VII Olympiade, also in die Regierungszeit des Königs Ezechias (s. Gelzer, Africanus I p. 97, 171 f.).

3. Cap. 31 p. 297,31: *nec in chronicis Eusebii et Hieronymi, quando prophetaverint (sc. Abdias, Naum, Abacuc), invenitur. Abdias enim positus est quidem ab eis cum Michaea, sed non eo loco, ubi notantur tempora, quando Michaeam prophetasse eis ipsis litteris constat: quod errore neglegenter describentium labores alienos existimo contigisse; duos vero alios commemoratos in codicibus chronicorum, quos habuimus, non potuimus invenire.* Unter den *codices chronicorum* sind dem Sprachgebrauche gemäss chronikalische Bücher zu verstehen. Aus dem ganzen Zusammenhange ergiebt sich nun, dass Augustinus mit seinem Ausdrucke nicht etwa bloss die im Vorhergehenden citierte Chronik des Eusebius-Hieronymus habe bezeichnen wollen, — dann hätte er viel kürzer und einfacher schreiben können *duos vero alios apud eos non potuimus invenire* —, sondern dass er noch an andere, mindestens an eine andere Schrift

chronikalischen Inhalts gedacht habe. Wiederum rate ich auf die Chronik des Africanus, erstens, weil darauf der Tadel führt, welchen Augustinus gegen die Arbeit des Eusebius-Hieronymus (NB! nicht etwa gegen Hieronymus allein!) in den Worten *neglegenter describentium labores alienos* ausdrückt, zweitens, weil Africanus in der That die Zeit des Naum und Abacuc in seinem Werke nicht vermerkt zu haben scheint.*)

Im allgemeinen möge hier noch darauf hingewiesen werden, dass Augustinus die Chronik des Africanus nicht so ausgiebig benutzt hat, wie man wohl wünschen möchte. Die Ursache hiervon finde ich darin, dass dem Kirchenvater, worauf auch der vorhin erwähnte Tadel deutet, die starke Abhängigkeit der eusebianischen Canones von Africanus aufgefallen sein wird und er daher in der Hauptsache die Chronik des letzteren beiseite lassen zu dürfen glauben mochte.

---

*) Wenigstens sind sie von Leo Grammaticus und Theodosius Melitenus übergangen. Julius Polydenkes dagegen setzt ihre Prophetie in die Zeit des Königs Manasse (p. 118,9 ed. Hardt), doch hat er ausser Africanus noch andere Quellen benutzt.

# II.

Wir lassen nunmehr die eigentliche Quellenanalyse folgen.

Cap. 1 u. Cap. 2 bis p. 257,17 ed. Domb. bilden die Einleitung zu der folgenden Geschichte der *terrena civitas*.

Cap. 2 p. 257,18—20 *Ninus ergo iam secundus rex erat Assyriorum, qui patri suo Belo successerat, regni illius primo regi, quando in terra Chaldaeorum natus est Abraham.* Im wesentlichen aus Hieron. p. 11a und i (a. Abr. 1 u. 7), dem vorzüglichsten Gewährsmann des Augustinus für assyrische Geschichte. Doch giebt die eusebianische Chronik dem Belus weder eine bestimmte Regierungszeit, noch zählt sie ihn überhaupt als Regenten mit. Ninus gilt dem Hieronymus als erster König der Assyrer, dem Augustinus als zweiter. Derselbe Unterschied in der Zählung zeigt sich auch weiterhin bei beiden. Belus aber wird von Augustinus nicht bloss gezählt, sondern es wird auch die Dauer seiner Regierung in bestimmten Jahren angegeben XVI, 17: *Ibi iam Ninus regnabat post mortem patris sui Beli, qui primus illic regnaverat sexaginta quinque annos.* Damit stimmt (XVIII,21) die Berechnung der Gesamtdauer des assyrischen Reiches auf 1305 Jahre: 65+1240, letztere Zahl nach Euseb.-Hieron. für die Zeit von Ninus bis zur medischen Herrschaft. Abgerundet ist die Summe XII, 11 *in Graeca vero historia mille ferme et trecentos habet* (sc. *regnum Assyriorum*) *ab ipsius Beli principatu* etc. Es fragt sich nun, woher Augustinus seine Angabe über die Regierungsdauer des Belus entnommen habe. Man könnte an das sogenannte Exordium Hieronymi denken, da dieses, abgesehen von Augustinus, die einzige Quelle ist, welche dem Belus eine 65jährige Regierungszeit giebt, (Euseb. Chron. I p. 49 Append. Sch.) und es andererseits festzustehen scheint, dass bereits zu Augustins Zeit überarbeitete und mit Zusätzen versehene Hieronymusexemplare kursierten (cf. Zangemeister, Praef. zu Orosius p. XXIV), indessen ist es doch in anbetracht der Thatsache, dass das Exordium in dem gemeinsamen Archetypus des alten Amandinus und des Petavianus nicht gestanden zu haben scheint (cf. Schoene, Praefat. zu Euseb. Chron. II p. X ff.), ebenso auch in dem Bernensis, Middlehillensis und Fuxensis fehlt,[*] sehr gewagt,

---

[*] Desgleichen in dem ältesten Fredegarkodex (s. Krusch., Neues Archiv VII, p. 472).

die Abfassungszeit desselben, über welche nichts Sicheres ausgemacht ist.*) so weit hinaufzurücken. Auch deutet Augustinus mit dem Ausdruck in Graeca historia (XII, 11) auf eine griechische Quelle; ich möchte daher glauben, dass er die Regierungszeit des Belus aus Africanus entnahm, der sie wohl als Variante der von ihm selbst angenommenen Berechnung von 62 J. (Unger. Abh. d. k. bayer. Akad. d. W. XVII. Bd. III. Abt. p. 561) angemerkt haben könnte.

P. 257,20 *Erat* — 21 *parvum*. Eigene Folgerung Augustins aus Hieronym. p. 11a. vergl. Civ. d. XVI, 17 (p. 154, 2—6).

P. 257,21 *a quo* — 24 *Romanos*. — Aus Varro *de gente populi Romani*. Der Ausdruck „undecumque doctissimus Marcus Varro" stammt aus dem von Augustinus VI, 2 selbst citierten Verse des Terentianus Maurus *de Metris* 2846.

P. 257,25 *Sed* — 27. *memorantur*. — Augustinus (vergl. 257,20).

P. 257,27 *quamvis* — p. 258,2 *ingenia*. — Sallust. Catil. 8.

P. 258,2 *Accedit* — 4 *vignerunt*. — Augustinus.

P. 258,4 *Nam* — 6 *diffusum*. — Augustinus (vergl. 257,20).

---

*) Den einzigen Anhalt dafür finde ich in den Bibelcitaten, die im Wortlaute eine auffallende Übereinstimmung mit der Itala des Augustin zeigen. Da nun die Itala seit Gregor dem Grossen (590—604) immer mehr ausser Gebrauch kommt und dafür die Übersetzung des Hieronymus in den Vordergrund tritt (L. Ziegler, latein Bibelübers. v. Hieron. München 1879 p. 90), so wird man als terminus ad quem für die Entstehung des Exordium das Ende des 6. Jahrh. annehmen dürfen Die Handschriften desselben zerfallen in drei Klassen, 1) solche, die keine Lücke haben, 2) solche, die eine grosse Lücke haben. 3) solche, in denen die Lücke nachträglich ausgefüllt ist.

Die letzte Klasse ist, wie es scheint, nur durch den Fabritianus vertreten (s. Schoene p. 44 App). Wie eine Vergleichung mit dem Freherianus und Lodonensis, den beiden Repräsentanten der ersten, intacten Klasse lehrt, hat der Ergänzer der Lücke eine ganz ähnliche Chronik benutzt wie diejenige war, aus der das Exordium selbst stammt, jedoch mit dem Unterschiede, dass die Bibelcitate diesmal mehr mit der allerdings wohl nicht ganz rein hieronymianischen Übersetzung (cf Lagarde, Psalterium p. X) des codex Amiatinus harmonieren. Der wissenschaftliche Wert des Exordium ist ein äusserst geringer. Es macht ganz den Eindruck, als ob es mit Benutzung ähnlicher Chroniken, wie des Liber generationis (cf. Mommsen, Chronograph p. 587; Holder-Egger, Severus Sulpitius p. 20), lediglich für Jemanden gearbeitet sei, der die Chronik des Hieronymus als Nachschlagebuch für Privatzwecke benutzte und dem es doch unbequem war, über die Zeit vor Abraham nichts darin zu finden.

Nach alledem hat die Vermutung Schoene's (Praef. zu Hieronym. p. XXXIX), dass derselbe Bonifacius, welcher um 515 n. Chr. den Archetypus des Freherianus schrieb, der Verfasser des Exordium gewesen sei, etwas sehr Ansprechendes. Ob auch dieser die Chronik des Africanus für die Berechnung der Regierungsdauer des Belus benutzte, will ich nicht entscheiden, doch ist es auffallend, dass sich der Zusatz des Exordium zu Belus „*quem Assyrii deum nominauerunt, et alii dicunt Saturnum*" (48, 17; 49,9) ganz ähnlich wiederfindet in der assyrischen Liste des Africanus beim Barbarus 37a. 19 *quem et ab Assyriis et Fynices et Persi deum vocauerunt. Hunc Dium Grero nomine interpraetauerunt.*

P. 258,6 *quippe ubi* — 12 *bellando*. — Aus Hieronym. p. 11a und Justin I, 1,5. 8. 2,9. S a m i r a m i s ist die konstante Schreibweise bei Augustinus (s. Dombart II p. 258 Anm.), S e m i r a m i s dagegen bei Justin und Hieronymus. Augustinus folgt darin vielleicht dem Solinus, der ebenfalls stets S a m i r a m i s schreibt und dessen Benutzung für die Schrift *de civitate dei* gesichert erscheint (vergl. M o m m s e n , Praefatio zum Solinus p. XXXI sq.; K e t t n e r , Varronische Stud. p. 44). Die geographische Notiz: *Asiam, quae totius orbis ad numerum partium tertia dicitur, ad magnitudinem vero dimidia reperitur* — findet sich ausführlicher XVI, 17 (II, 154, 6—21). Ich nehme keinen Anstand, diese Angaben aus demselben Chorographen herzuleiten, aus welchem auch Orosius I. Cap. 2 ff. seine Darstellung der Oekumene entnahm, vergl. namentlich Oros. p. 9, 1—4 (ed Zangemeister): *Maiores nostri orbem totius terrae, oceani limbo circumsaeptum, triquetrum statuere eiusque tres partes Asiam Europam et Africam uocauerunt, quamuis aliqui duas hoc est Asiam ac deinde Africam in Europam accipiendam putarint.* Der Chorograph seinerseits folgte zweifellos dem Sallust. Iug. 17,\*) wo er jedoch nicht die Bemerkung finden konnte, dass bei der Zweiteilung der Erde jeder Teil genau die Hälfte betrüge: ein derartiges Grössenverhältnis begegnet zuerst bei Mela I, 9. Übrigens könnte man fragen, ob nicht etwa bei Augustinus an Varro als Quelle zu denken sei; liest man doch Commenta Bernens. in Luc. (rec. Usener) IX 411: *Quidam diuiserunt orbem in duas partes, ut Varro, id est Asiam et Europam, quidam in tris, Asiam, Europam et Africam etc.* Indessen ist die Ähnlichkeit dieses Berichtes mit den Angaben Augustins doch nur eine scheinbare. Alle nämlich, welche der Zweiteilung der Erde huldigten, kamen zwar in der Benennung der Teile, Asien und Europa, überein, schieden sich jedoch wieder in zwei Parteien je nach der Art der Einteilung. Die einen teilten nämlich in der Richtung der Parallelen und rechneten Afrika dann zu Asien, die andern liessen die Teilungslinie von Norden nach Süden gehen, indem sie Afrika mit Europa verbanden.\*\*) Augustin nun gehörte augenscheinlich zu den letzteren, Varro dagegen zu den ersteren (vergl. L. L. 31; R. R. I, 2, 3).

P. 258,12 *Ita* — 14 *efficerent*. — Augustinus.
P. 258,14 *Abraham* — 16. *natus est*. — Hieronym. p. 11b. i.
P. 258,16 *Sed* — 17. *notiores*. — Augustinus.
P. 258,17 *et per Graecos* — 20 *rimati sunt*. — Varro *de gente P. R.*

---

\*) Damit ist natürlich nicht ausgeschlossen, dass auch Augustinus direkt auf den von ihm auch sonst benutzten Sallust zurückgriff. Der Wortlaut II, 154, 8—10 spricht sogar dafür, und mit Recht ist daher in den Ausgaben bereits die obige Salluststelle angemerkt worden.

\*\*) Belegstellen bei H. B e r g e r , die geographischen Fragmente des Eratosthenes (Leipz. 1880) p. 164 ff.

P. 258.20 *ob hoc debemus* — 27 *adsumere.* — Augustinus. vergl. p. 257. 11—16: I, 153. 8 ff.

P. 258,28 *Quando* — 30 *fuerunt.* — Hieronymus p. 11a. c. g.

P. 258.30 *Cum vero* — p. 259.2 *quintum.* — Hieronym. p. 13 c. e., a. Abr. 53. 70. Biblische Reminiscenzen.

P. 259,2 *apud illos* — 3 *Samiramidem.* — Hieronym. a. Abr. 53 (p. 13 Sch.).

P. 259,3 *quae ab illo* — 4 *concubitu.* — Justin I, 2,10.

P. 259,4 *Hanc putant nonnulli condidisse Babylonen.* — Justin I, 2,7.

P. 259,5 *quam quidem potuit instaurare.* — Hieronym. p. 12a (*plurima Babyloniae urbis instaurans*).

P. 259.6 *Quando* — 7 *diximus.* — Cf. XVI C. 4 ff.

P. 259,7 *Filium* — 10 *vocant.* — Hieronymus a. Abr. 53 mit Ausnahme der Worte *quidam etiam ipsum Ninum*, für welche ich die Quelle nicht anzugeben vermag.

P. 259,10 *Sicyoniorum* — *Telxion.* — Hieronymus a. Abr. 70, wo jedoch die Handschriften Thelxion oder Thelesion oder Thelsion haben.

P. 259.11 *Quo regnante.* — 13 *ferunt.* — Schon von Kettner mit vollem Recht Varros Schrift *de gente P. R.* zugewiesen (cf. Cap. 3 p. 260, 2—4). Vielleicht rührt ebendaher auch die Schreibweise Telxion. Von der göttlichen Verehrung des Thelxion verlautet meines Wissens sonst nirgends etwas, doch hat das Vorhandensein eines derartigen Kultes in Sikyon durchaus nichts Auffallendes (vergl. Preller, Gr. Myth. I³, 496 u. 499).

Cap. 3 p. 259,19 *Huius* — 22 *Aryius.* — Hieronymus a. Abr. 100 und 91. Biblische Reminiscenzen. Arrius schreibt von allen Handschriften Schoene's allein der Bernensis, alle übrigen Arius.

P. 259,22 *I, si vero* — 25 *agente.* — Hieronymus p. 15 d (a. Abr. 160). Biblische Reminiscenzen.

P. 259,25 *qui ex lotis* — 29 *regibus.* — Hieronym. p. 15 i. a. Abr. 156, 161, doch hat keine der Hieronymushandschriften die augustinische Orthographie Xerses und Baleus, sondern alle Xerxes und die meisten Balaeus (Balaneus der Freherianus, Balacus der Regius). Wenn ferner Augustinus den siebenten Sikyonierkönig Thuriacus nennt mit dem Zusatz *quem quidam Thurimachum scribunt*, so stammt die letztere Bemerkung aus Hieronymus, die Benennung Thuriacus dagegen aus Varro (p. 260,3) und zwar höchst wahrscheinlich aus der Schrift *de gente P. R.*, in welcher ja gerade die sikyonische Fürstenreihe verzeichnet war. Übrigens ist diese sonst nirgends vorkommende Benennung besonders merkwürdig, weil sie auf das Vorhandensein einer bisher noch nicht beachteten Recension der sikyonischen Königsliste hinweist, von der sich bei Varro noch eine weitere Spur findet (s. unten zu Cap. 4). In den beiden andern Recensionen, sowohl in der durch den Tyrannen Kleisthenes festgestellten, als auch in der enchorischen Liste des Pausanias heisst der König Thurimachus.

P. 259,29 *Regnum* — p. 260,2 *Inachus*. — Hieronymus a. Abr. 161.

P. 260,2 *Sane* — 4 *refert*. — Varro's Schrift *de gente P. R.* (vergl. zu p 259,25).

P. 260,4 *Regnantibus*. — 9 *gentium*. — Nur der chronologische Rahmen, in welchen Augustinus seine Notiz über die Verheissung Isaaks einfügt, stammt aus Hieronymus. Bei diesem dauert die gleichzeitige Regierung der Könige Armamitres von Assyrien, Leucippus von Sikyon und Inachus von Argos, in deren Zeit das erwähnte Ereignis verlegt wird, vom a. Abr. 201—210. Hieronymus aber bemerkt weder zu diesen Jahren noch überhaupt etwas von der dem Isaak zu teil gewordenen Verheissung. Da nun die Quelle für die Angabe des Augustinus ein **christlicher** Chronograph gewesen sein muss, so wird man an Africanus denken können.

P. 260,9 *Haec ipsa* — 14 *permanente*. — Auch die Verheissung Jakobs erwähnt Hieronymus nicht in seiner Chronik, dagegen merkt er a. Abr. 238 dessen Reise nach Mesopotamien an, auf welcher Jacob die Verheissung empfing. Dazu stimmt die Chronologie des Augustinus, der das Ereignis in die Zeit der Könige Belocus (so auch der Freherianus, alle andern Hdschr. Schoene's **Belochus**), Phoroneus und Leucippus verlegt, deren gleichzeitige Regierung bei Hieronymus vom a. Abr. 229—253 dauert. So hat man nicht nötig ausser der Chronik des Hieronymus und der eigenen Bibelkenntnis des Augustinus noch eine weitere Quelle anzunehmen. Dennoch ist es mit Rücksicht auf die vorige Notiz über die Verheissung Isaaks nicht ausgeschlossen, dass Africanus, der noch dazu in der Ansetzung der Flucht nach Mesopotamien (= 77. Jahr Jacobs)*) fast genau mit Euseb.-Hieronymus (= 78 Jahr Jacobs) übereinstimmte, von Augustinus auch hier wieder zu Rate gezogen wurde. Wem dies glaublich erscheint, der braucht dann auch nicht die bei Hieronymus fehlende Bemerkung „*qui est appellatus . . . . post Israel*" lediglich auf die Bibelkenntnis des Augustinus zurückzuführen, sondern kann den Anlass dazu ebenfalls aus Africanus (bei Syncell. 200,12 ὁ Ἰακὼβ Ἰσραὴλ μετεκλήθη διαβαίνων τὸν Ἰορδάνην) herleiten.

P. 260,14 *His temporibus* — 16 *institutis*. — Hieronymus p. 16 g (a. Abr. 211).

P. 260,16 *Phegous* — 26 *voluerunt*. — Es ist bereits oben bemerkt worden, dass Varro in seinen Büchern *de gente P. R.* auf die Einrichtung der Kulte in den einzelnen Staaten besonders Rücksicht genommen hatte. Darum wird man nach Abzug

---

*) Syncell. 197,16.

der Reflexionen des Kirchenvaters die seltene antiquarische Notiz, die in letzter Instanz auf argivische Lokaltradition zurückzugehen scheint, wohl jener Schrift zuweisen dürfen. Ob übrigens Varro den Bruder des Phoroneus **Phegous**, wie sämtliche Handschriften Dombarts haben, und nicht der sonstigen Überlieferung gemäss **Phegeus** ($\Phi\eta\gamma\epsilon\nu\varsigma$)*) genannt habe, lasse ich dahin gestellt.

P. 260,26 *Nam et Jo — 28 in Aegypto*. — Hieronymus p. 15 e. Nur die Bezeichnung „*magna dea*" für Isis liest man dort nicht. Dieselbe stammt vielleicht aus dem für das folgende benutzten Varro. vergl. zu Cap. 4 (p. 262,5).

P. 260,28 *quamvis — 33 diceret*. — Für die abweichende Ansicht, nach welcher Isis eine äthiopische Königin war, später nach Ägypten einwanderte und dort ein ausgedehntes Reich begründete, beruft sich Augustinus allgemein auf alii: dass darunter Varro zu verstehen sei, lehrt die Vergleichung vom Cap. 40 (p. 316,9). Man wird sich hüten müssen, diese durchaus originelle Tradition mit den landläufigen, durch dichterische Phantasie ausgeschmückten Erzählungen von den Wanderungen der Jo, welche nach einigen sich allerdings auch bis nach Äthiopien erstreckt haben sollen, in Beziehung zu bringen. Gegen eine derartige Combination würde schon allein die Thatsache sprechen, dass nach Varro die Isis bereits vor ihrer Ankunft in Ägypten regina war. Wie sich Varro des Genaueren die Entstehung des Isisdienstes in Ägypten gedacht habe, ist leider nicht recht ersichtlich, da Augustinus, wo sich noch sonst die varronische Version mit Sicherheit bei ihm nachweisen lässt, nichts Neues bringt. In der übrigen Litteratur habe ich nur eine Angabe finden können, welche vielleicht auf Varro's Bericht zurückgeht, bei *Arnob. advers. Nationes I. 36 Aethiopicis solibus Isis furva*.**) Es entsteht nun die weitere Frage, ob Augustinus den Bericht Varros in dessen Büchern *de gente P. R.* oder in einer andern Schrift desselben, etwa den *Divinarum libri*, gelesen habe. Eine sichere Entscheidung darüber wird sich schwerlich treffen lassen, da die Bücher *de g. P. R.* in der Hauptsache zwar nur von den Griechen und Römern mit Ausschluss der orientalischen Geschichte handelten, aber andererseits bei Erwähnung der Jo, von der Varro in der argivischen Geschichte gehandelt haben wird, eine Bemerkung über die ägyptische Isis und ihre Herkunft nicht wohl zu umgehen war.

Cap. 4 p. 261,3 *Regnantibus — 10 viginti*. — Grösstenteils aus Hieronymus a. Abr. 281 (p. 18 c): in diesem Jahre regierten

---

*) Stellen bei Preller, Gr. M. II, 36, 3; Pauly R. E. V p. 1444.

**) Der übrige Teil der Angabe (maerens perditum filium et membratim coniugem lancinatum) entstammt einer andern Form des Isismythus, und zwar derjenigen, welche in Plutarchs Schrift de Is. et Os. und bei Diodor vorliegt.

in der That die Könige Baleus (so auch der Amandinus, Petavianus und Freherianus, alle andern Handschriften Schoene's haben Balaeus), Messapus und Apis. Eigene Zuthat des Augustinus ist es, wenn er statt des bei Hieronymus allein genannten Jacob das Alter von den beiden Söhnen (gemini) Isaaks berichtet. Auch die von Dombart in Klammern gesetzten Worte *si tamen — nomen* sind Eigentum des Augustinus. So bleibt nur noch die Variante zu Messapus „*qui etiam Cephisos a quibusdam traditur.*" Diese findet sich bei Hieronymus nicht, ferner ergiebt sich aus den Worten der Klammer, dass Augustinus den Namen Cephisos überhaupt nicht als Variante zu Messapus, sondern ohne weiteren Zusatz als Bezeichnung des neunten Sikyonierkönigs bei seinem Gewährsmann vorgefunden habe. Da nun weder in den übrigen Verzeichnissen der sikyonischen Regenten noch überhaupt meines Wissens sonst von einem Könige Cephisos von Sikyon die Rede ist, andererseits uns schon oben die Spuren einer singulären Recension der sikyonischen Anagraphe bei Varro begegnet sind, so trage ich kein Bedenken, die Schrift *de gente populi Romani* wiederum als Quelle anzunehmen. Auch hier wieder, wie oben, weist der Name Cephisos, der ganz deutlich an den gleichnamigen sikyonischen Fluss (Strab. IX p. 424) erinnert, auf Benutzung sikyonischer Lokaltradition hin, während der Messapus der kleisthenischen Liste nach E. Lübbert's feiner Bemerkung [*] aus Böotien herbeigeholt ist.

P. 261,10 *quorum* — 12 *filios*. — Bibel. Augustinus.

P. 261,12 *quorum* — 14 *vendiderant.* — Hieronymus p. 17 r (a. Abr. 268), mit biblischen Zuthaten.

P. 261,14 *Stetit* — 16 *annorum*. — Genes. C. 41,46.

P. 261,16 *quoniam* — 24 *stuprum*. — Genes. Cap. 39—41.

P. 261,24 *Secundo* — 27 *respondit*. — Hieronymus p. 18 f (a. Abr. 290). Dort findet sich auch bereits die von Dombart angemerkte Bibelstelle (Genes. 47,9) verwertet.

P. 261,27 *cum Joseph* — 30 *famis*. — Hieronymus a. Abr. 268.290.

Cap. 5 p. 262,4 *His* — 6 *deus*. — Kettner und Peter haben diese Notiz unter die Fragmente von Varro's Schrift *de gente p. R.* aufgenommen, — will man genau sein, mit Unrecht. Dieselbe stammt nämlich nach ihrer ganzen Fassung sowie nach ihrer chronologischen Einreihung aus Hieronymus p. 17 t (a. Abr. 271), mit Ausnahme der Worte „*omnium maximus Aegyptiorum deus*" und „*cum ibi mortuus fuisset.*" Diese können allerdings wohl auf den für das Folgende benutzten Varro zurückgeführt werden,[**] wie denn überhaupt aus dem ganzen

---

[*] Procemium Indicis scholarum aestivarum Bonnensium anni MDCCCLXXXIV p. 18.

[**] Für die Bezeichnung des Serapis als maximus deus vergl. Macrob. Saturnal. I, 20; Lucian. de sacrif. 15; Aelian N. A. XI, 10.

Zusammenhange bei Augustinus hervorgeht, dass auch Varro in Bezug auf Apis-Serapis derjenigen Version der Sage folgte, welche bei Hieronymus a. a. O. vorliegt.\*) Darum mag man denn auch immerhin denjenigen Teil der augustinischen Notiz, welcher des Wortlautes wegen lediglich auf Hieronymus zurückgeführt werden darf, mit unter die varronischen Fragmente aufnehmen.

P. 262,6 *Nominis* — 26 *credebant.* — Varro wird zweimal citiert (Z. 8 u. 19), jedoch ohne Angabe der benutzten Schrift. Mit Rücksicht darauf, dass es sich wieder um die Einrichtung eines Kultes handelt und noch dazu eines, der für die Römer besonderes Interesse hatte, hat man längst auf die Bücher *de gente P. R.* geraten.\*\*) Natürlich ist damit nicht ausgeschlossen, dass Varro auch gelegentlich in andern Schriften vom Apis-Serapis gehandelt haben mag. Das scheint z. B. in den *Divinarum libri* der Fall gewesen zu sein, wenn nämlich aus ihnen die Angabe stammt bei Arnob. VI, 6 *quamvis poenam constituerit Aegyptius in eum, qui publicasset quibus Apis iaceret absconditus,* \*\*\*) womit die Herausgeber bereits Z. 14—19 unserer Stelle verglichen haben.

P. 262,26 *Non enim* — p. 263.2 *exhibere.* — Augustinus.

Cap. 6 p. 263,6 *Apis* — 7 *Aegypto.* — Vergl. p. 262, 4—6.

P. 263,7 *Huic* — 8 *regnum.* — Hieronymus a. Abr. 306.

P. 263,8 *ex cuius* — 10 *nomen.* — Dass nach dem Könige Argus die gleichnamige Stadt und das Volk der Argiver benannt seien,

---

\*) Die ältere und bessere Überlieferung berichtet nichts von der Auswanderung des Apis nach Ägypten, ja Herodot und Pausanias kennen ihn überhaupt nicht als argivischen König, und bei Aeschylos (Suppl. 260 ff.) ist er ein Sohn des Apollon, der von Naupactos nach Argos kam und dem zu Ehren dann das Land Apia genannt wurde. In die argivische Genealogie, als Sohn des Phoroneus, ist Apis durch Akusilaos von Argos eingereiht worden (Schol. Lykophr. 177 = frg 11 Müller), doch weiss auch dieser noch nichts von seiner Auswanderung, sondern lässt ihn durch eine Verschwörung in Argos ums Leben kommen. Der Perieget Polemo ist, soweit ich sehe, der erste, welcher von dem Zuge des Apis nach Ägypten und von seiner Herrschaft daselbst berichtete (Julius Africanus ap. Euseb. P. E X, 10 = frg. 13 Müller), wenigstens lässt sich nicht bestimmen, wann Aristippos und Aristeas von Argos, welche beim Chronographen des Clemens Alexandrinus (Strom. I, 21 § 106) ähnliches erzählen, gelebt haben. Ob Polemo auch schon von der Apotheose des Apis als Sarapis gewusst habe, erfahren wir nicht, doch möchte man es glauben, da Euseb.-Hieronymus dieselbe ganz augenscheinlich nach Africanus (bei Syncell. 281,20) berichtet, und dieser wieder den Polemo benutzt hat (s. oben).

\*\*) Nicht aus Varro, sondern aus Augustin hat Isidor, Orig. VIII, 11,85 seine gleichlautende Nachricht. Varro dagegen scheint seinerseits einer Quelle gefolgt zu sein, welche derjenigen des Nymphodoros bei Clemens Al. Str. I, 21 § 106 sehr ähnlich war.

\*\*\*) Unmittelbar darauf wird die *Polyandria* des Varro citiert, worunter man die *Divinarum libri* versteht (Ritschl, Rh. Mus. VI p. 541 = Opusc. III p. 481).

wird zwar mehrfach berichtet,*) aber keine Angabe steht inhaltlich der unsrigen so nahe als Syncell. 234, 10—14, wo direkt oder indirekt die Chronik des Africanus benutzt ist (s. Unger. Philol. Anz. 1881 p. 86. Abhandl. d. bayer. Akad. a. a. O. p. 555: Gelzer. Africanus II. 219). Diese wird daher vermutlich Quelle gewesen sein.

P. 263,10 *Hoc regnante* — 15 *Judae.* — Hieronymus p. 18 m (cf. a. Abr. 264. 301). Zuthaten aus der Bibel.

P. 263,15 *Non defi iet* — 17 *gentium* — Genes 49,10.

P. 263,18 *Regnante* — 19 *seminibus.* — Wenn Augustinus erzählt, dass unter der Regierung des Argus der Ackerbau in G r i e c h e n l a n d eingeführt sei, so giebt er wohl seine Quelle ungenau wieder, in welcher solches gewiss nur von A r g o l i s berichtet war. Hatte doch z. B. Attika seinen besonderen Sagenkreis darüber. Da nun die kurz nachher folgende Notiz über H o m o g y r u s , den Triptolemos der Argiver, sich mit Bestimmtheit aus Varro herleiten lässt, so wird man auch an unserer Stelle des ähnlichen Inhalts wegen den gleichen Gewährsmann voraussetzen dürfen. Eine Bestätigung hierfür ergiebt sich aus einer korrespondierenden Angabe, die ich unbedenklich dem Varro zuweise, bei Festus p. 121 (ed. Müller): *Libycus campus in agro Argeo appellatus, quod in eo primum fruges ex Libya allatae sunt. Quam ob causam etiam Ceres ab Argeis Libyssa vocata est.* Quelle Varro's war wohl der Perieget Polemo (Schol. Aristid. Pan. 188,12 p. 321 Dindorf = frg. 12 Müller). Fragen wir endlich nach der Schrift, in welcher Varro über den Gegenstand gehandelt hatte, so wird man im allgemeinen allerdings sowohl an die *Humanarum libri* als an die Bücher *de gente P. R.* denken können, doch liegt es bei Augustinus näher die letzteren als Quelle zu statuieren.

P. 263,19 *Argus* — 21 *honoratus.* — Wieder ist die Rede von der Gründung eines Kultes: deshalb und weil sowohl unmittelbar vorher als nachher Varro benutzt ist, wird man ihn auch hier mit Fug und Recht, und zwar vermutlich in seiner Schrift *de gente P. R.*, als Gewährsmann anzusehen haben. Übrigens wird die Angabe von der Apotheose des Königs Argus und seiner göttlichen Verehrung durch Herodot (VI, 80) und Pausanias (II, 20.8) bestätigt.

P. 263,21 *Qui honor* — 23 *invexerit.* — Von H o m o g y r u s , der die Argiver die Kunst des Pflügens lehrte, wusste man bis vor Kurzem nur aus unserer Stelle. Jetzt, nachdem H. Keil einen sicheren Text für Varro's Bücher *Rerum Rusticarum* geschaffen hat, besitzen wir noch eine zweite Angabe über jenen Heros, die zugleich mit Sicherheit beweist, dass Augustin aus Varro

---

*) Den Augustin hat wieder Isidor Orig. IX, 2,72 ausgeschrieben.

(und zwar allem Anscheine nach aus den Büchern *de gente P. R.*) geschöpft hat: Varro R. R. II. 5,4 *nam ab hoc pecore (sc. bove) Athenis Buzyges nobilitatus, Argis homogyros.* Die Handschriften haben *agris homogyros.* Schneider las mit Jucundus *Argis ὁrόγυρος* und zerbrach sich den Kopf darüber, wer wohl der ὁrόγυρος gewesen sein möchte. Aus Augustinus erhellt die Richtigkeit der von Keil aufgenommenen Lesart, nur wird man natürlich Homogyros ebenso wie Buzyges mit grossem Anfangsbuchstaben zu schreiben haben. Den Homogyros halte ich für nicht verschieden vom Ζεὺς Ὁμαγύριος, teils wegen des Beiwortes „*fulminatus*" bei Augustin, teils weil der Zeusdienst in Argolis wesentlich den Charakter der Naturreligion hatte (s. Preller in Pauly's R. E. IV p. 598), und es somit durchaus erklärlich erscheint, wenn einer Inkarnation des Zeus die Einführung des Ackerbaues daselbst zugeschrieben wird. Der Ζεὺς Ὁμαγύριος begegnet uns in Achaia, wo er der Vorsteher des achäischen Bundes war (Pausan. VII, 24,2; Preller a. a. O. 623). Ob er in alter Zeit auch für die argivischen Gemeinden eine Art Bundesgott gewesen sei, wird sich schwerlich ausmachen lassen.

Cap. 7 p. 263,26 *Regnantibus* — p. 264,2 *decem.* — Hieronymus a. Abr. 361 (cf. 306, 347, 348). Doch ist die Orthographie der Königsnamen „Mamythus" und „Plemmeus" abweichend von sämtlichen Hieronymushandschriften Schoene's, welche Mamichus (B) Maminthus (A R) Mamynthus (P) Mamitus (F) Mamyrthus (M) Mamithus (Reg. Series) einerseits, Plemeneus (B) Plemnaeus (P) Plemeneus (P²) Plemneus (FR Reg. Ser.) Plemeus (M) Plemnaeus (A) andererseits haben. Ob nun Augustinus an erster Stelle die richtige Namensform des Hieronymustextes bewahrt habe, wofür die Schreibweise der Handschriften P und M zu sprechen scheint, oder ob Hieronymus „Mamithus" geschrieben habe, was Schoene in den Text genommen hat und was auch der Armenier empfiehlt, ist kaum zu entscheiden, da die orthographische Verschiedenheit von *i* und *y* eine zu geringe ist. Anders dagegen verhält es sich mit der Namensform des Sikyonierfürsten Plemmeus. Dass in dieser nicht etwa blos eine den Abschreibern zur Last fallende Abweichung von der bei Hieronymus vorauszusetzenden Grundform Plemnaeus*) zu erkennen sei, hat schon Dombart durch Hinweis auf die übereinstimmende Benennung des Königs (Πλημμεύς) im Chronographeion Syntomon (Euseb. Chron. I ed. Schoene, Append. p. 86,18) dargethan. Da wir nun schon mehrere Eigentümlichkeiten der sikyonischen Königsliste

---

*) Ausser dem Amandinus hat noch der Armenier diese dem griechischen Πλημναῖος entsprechende Form. Auch die Korruptel Plemnacus des Petavianus scheint auf dieselbe zu führen.

des Augustinus auf Varro zurückgeführt haben, so würde es
das Zunächstliegende sein, auch die Form „Plemmeus" auf
dessen Rechnung zu setzen, doch kann man diesmal auch an
Africanus denken, da wenigstens die Excerpta Barbari, deren
sikyonische Liste aus dessen Chronik stammt, den König
Plammeus nennen (fol. 39b. 23).

P. 264,2—4 *Post cuius (sc. Joseph) mortem populus Dei mirabiliter crescens
mansit in Aegypto centum quadraginta quinque annos.* — Quelle
(mit Zuthaten aus der Bibel) ist Hieronymus p. 21 d.: *post
cuius interitum Hebraei Aegyptiis servierunt ann. CXLIIII.* Nur
ist zu beachten, dass Augustinus die Zeit der Knechtschaft
in Ägypten auf 145, Hieronymus dagegen auf 144 Jahre
berechnet. Da nun die Zahl 144 bei den Chronographen allgemein
feststand und auch Augustinus selbst (lib. XVI, 43 = p.
193,24 Domb.) genau ebenso rechnet, so haben wir es an
unserer Stelle gewiss nur mit einem Versehen der Abschreiber
zu thun, das um so leichter stattfinden konnte, wenn die Zahl
ursprünglich in Zeichen geschrieben war. Man wird daher
in dem Texte Augustins quattuor statt quinque korrigieren
müssen.

P. 264,4 *tranquille* — 9 *servitutis.* — Bibel. Augustin.

P. 264.9 *In Assyria* — 10 *permanebant.* — Hieronymus a. Abr.
362—505.

Cap. 8 p. 264,14 *Cum ergo* — 16 *Moyses.* — Hieronymus a. Abr.
425 (cf. 376, 395, 408). Die Regentennamen zeigen wieder
geringe Abweichungen von Hieronymus. Criasus schreibt
mit Augustinus allein der Freherianus, alle übrigen Handschriften Criassus; ein Versehen der Abschreiber dagegen
steckt wohl wieder in dem Namen des Assyrerkönigs Saphrus
statt Sphaerus.*)

P. 264,16 *per quem* — 19 *o ortebat.* — Bibel. Augustinus.

P. 264,19 *Regnantibus* — 27 *videatur.* — Aus Hieronymus a. Abr.
332, 380. 431. Doch setzt Augustinus die Notiz in die Jahre
Abr. 408—427 (gleichzeitige Regierung der drei Könige
Sphaerus, Orthopolis und Criasus), was zu keinen der drei
Daten des Hieronymus passt. Man könnte an ein leichtes Versehen des Augustinus denken, da wenigstens Orthopolis noch
a. Abr. 431 regiert, indessen kann man die Sache sich auch
anders zurechtlegen. Beim Armenier nämlich findet sich die
Notiz über Prometheus nicht wie bei Hieronymus zum a. Abr. 431,
sondern zusammen mit der vorhergehenden über die Gründung
von Epidaurus (Aegyptus) zum a. Abr. 426 angemerkt, und
dieser Ansatz stimmt allerdings auf das Beste mit der Datierung des Augustinus. Da es nun nach unseren früheren

---

\*) Von den Hieronymushandschriften kommt am nächsten der Amandinus
(Sfaerreus) der Fuxensis (Sphereus), der Middlehillensis (Sperus).

Ausführungen sehr unwahrscheinlich ist, dass Augustinus hier das griechische Original des Eusebius nachgeschlagen habe, gegen welche Annahme auch der an Hieronymus anklingende Wortlaut der Notiz sprechen würde. da ferner der Ansatz des Armeniers wenigstens in Bezug auf die Gründung von Epidaurus auch durch das Zeugnis des Dionysus Telmaharensis (a. Abr. 425) gegenüber demjenigen der Hieronymushandschriften (429 A B P R M. 428 F.) gesichert wird, so ist es immerhin nicht undenkbar, dass eine Verschiebung der Lemma's des Hieronymus bereits in dem gemeinsamen Archetypus sämtlicher Handschriften stattgefunden habe.

P. 264,27—28 *Multa quoque alia ex illis in Graecia temporibus confingi fabulosa coeperunt.* — Unter „*ex illis temporibus*" ist nach dem Vorhergehenden im allgemeinen die Zeit von Moses Geburt bis zum Auszug aus Ägypten zu verstehen. Quelle ist nicht Varro, wie Kettner meinte, sondern Hieronymus p. 25 o (a. Abr. 461).

P. 264,28 *sed usque* — p. 265,6 *invenitur.* — Der Hauptsache nach schon von Kettner mit Recht den Büchern *de gente P. R.* zugewiesen, da es sich wieder um die Einsetzung von Kulten handelt. Für Varro als Gewährsmann spricht auch die Seltenheit der Angaben: Melantomice wird, soviel ich weiss, sonst nirgends erwähnt. doch ist sie jedenfalls nicht verschieden von Melantho, welche der Schol. Eurip. Phoen. 1116. Or. 920 Gemahlin des Criasus nennt. Nicht aus Varro, sondern aus Hieronymus a. Abr. 468 (p. 27 b) und a. Abr. 505 stammt p. 264 z. 29 *quo regnante eadem* — 31 *populum suum*, ferner ist Eigentum des Augustinus p. 264,32 *caeca* — p. 265,1 *Graecorum.* Endlich beruft sich Augustinus für die abweichenden Namensformen des neunten Argiverkönigs Sthenelus, Stheneleus, Sthenelas auf *diversi auctores*. Unter diesen ist zunächst Hieronymus zu verstehen, bei dem sich die Form Sthenelus findet; möglicherweise dachte Augustinus bei derselben auch noch an seine Lieblingsdichter Vergil (s. Aen. 2.261) und Horatius (s. Carm. 1, 15. 24; 4, 9. 20). Die Form Stheneleus könnte aus Varro herrühren, während die Variante Sthenelas, die auch Orosius I. 11, 1 (p. 59,13) hat. auf eine griechische Quelle (Africanus?) deutet (cf. Pausan. II. 16,1).

P. 264,6—8 *His temporibus etiam Mercurius fuisse perhibetur. nepos Atlantis ex Maia filia, quod vulgatiores etiam litterae personant.* — Die letzten Worte „*quod* — *personant*" beziehe ich auf die unmittelbar vorhergehende Notiz „*nepos* — *filia*" und glaube wegen der Bedeutung des Wortes *personare*, dass Augustinus mit „*vulgatiores litterae*" die Dichter, besonders Vergil und Horaz gemeint habe (Hor. Carm. 1, 10,1 *Mercuri, facunde nepos Atlantis.* I, 2,43 *almae filius Maiae.* Sat. II, 6,5

*Maia nate.* — Verg. Aen. I. 297 *Maia genitum* und namentlich Aen. VIII, 138—141.) Überhaupt wird man die ganze Notiz im wesentlichen als Eigentum des Augustinus zu betrachten haben, geschöpft aus dem unversieglichen Born seiner vielseitigen Bildung. Es wäre gewiss nicht zu rechtfertigen, wenn man, wie geschehen ist, an Varro als Gewährsmann denken wollte. Denn dieser rechnete Mercurius zu den dei selecti (Augustin. C. D. VII, 2,14; Merkel Proleg. zu Ovids Fasten p. CCXXI sq.), also keinesfalls zu den Göttern, die nicht von Anfang an göttlicher Ehre teilhaftig geworden waren, Augustinus dagegen nennt ihn einen Sohn der Maia, Enkel des Titanen Atlas, und folgt hierin seinen Lieblingsdichtern.\*) Ich meine daher, dass auch die Angabe „*His temporibus etiam Mercurius fuisse perhibetur*" nur aus einer einfachen Combination des Augustinus hervorgegangen seien. Da er nämlich kurz vorher den Atlas unter der Regierung der Könige Sphaerus, Orthopolis und Criasus erwähnt hatte, so musste er folgern, dass der Enkel des Atlas unter den nächsten Regenten (und deren Zeit ist eben mit „*his temporibus*" gemeint) gelebt habe (vergl. Cap. 39).

P. 265,8—10 *Multarum autem artium peritus claruit, quas et hominibus tradidit: quo merito eum post mortem deum esse coluerunt sive etiam crediderunt.* — Auch diese Angabe halte ich lediglich für Eigentum des Augustinus und glaube damit seine mythologischen Kenntnisse nicht zu hoch taxiert zu haben. Dabei ist es nicht ausgeschlossen, dass er noch speciell an die Äusserung des Hermes Trismegistus (Pseudo-Apuleius Asclep. C. 37 p. 328 ed. Hildebrand, cf. Augustin. C. D. VIII, 26) und namentlich auch wieder an die 10. Ode des ersten Buches des Horaz gedacht habe.

P. 265,10 *Posterior* — 12 *Argivorum.* — Hieronymus p. 29 k (a. Abr. 509).

P. 265,12—13 *quamvis nonnulli eum Mercurio praeferant tempore, quos falli existimo.* — Hieronymus bringt die erste Notiz über Hercules zum J. 443 (*Hercules primus fertur Antaeum luctae vicisse certamine*). wonach derselbe ein Zeitgenosse des Atlas, des Grossvaters Mercurs war. Augustinus hatte daher vermutlich diesen Ansatz im Auge, was dadurch um so wahrscheinlicher wird, dass er den Überwinder des Antäus weit später setzte (cf. p. 272,24).

P. 265,13 *Sed quolibet* — 17 *divinos.* — Unter den *historici graves*, auf welche sich Augustinus beruft, ist hinsichtlich des Mercurius

---

\*) Ausser diesen *vulgatiores litterae* konnte er dem von ihm hochgeschätzten Varro eine nach seiner Meinung mindestens ebensoviel geltende Autorität entgegensetzen, nämlich den Hermes Trismegistus, vergl. VIII C. 26 (I, 365,5 Domb.): *Mercurium autem multi* (namentlich Varro) *non putant fuisse mortalem, quem tamen iste* (sc. Hermes Trismegistus) *avum suum fuisse testatur.*

namentlich wieder an Hermes Trismegistus und Hieronymus (s. die vorigen Bemerkungen) zu denken, hinsichtlich des Hercules aber gewiss auch an Varro, vergl. Servius Aen. VIII, 564 (vol. II p. 279,22 edd. Thilo et Hagen).

P. 265,17 *Minerva* — 20 *nuncupata est.* — Varro rechnete die Minerva ebenfalls unter die dei selecti (Augustin. C. D. VII, 2; Merkel Proleg. zu Ovids Fasten p. CCXXI). Daher kann die Erzählung von ihrem ersten Auftreten als Tritonia virgo nicht von ihm herrühren. Hauptquelle Augustins war jedenfalls, wie auch der Wortlaut beweist, Hieronymus p. 17 b (a. Abr. 236); die Worte „*unde et Tritonia nuncupata est*", welche dort nicht stehen, sind nichts als Reminiscenz aus Vergil. Aen. 2,171.

P. 265,20 *multorum* — 22 *innotuit.* — Augustinus.

P. 265,22—24 *Quod enim de capite Jovis nata canitur, poetis et fabulis, non historiae rebusque gestis est adjicandum.* — Varro unterschied in seinen *Divinarum libri* tria genera theologiae, unum mythicon, alterum physicon, tertium civile (Augustin. C. D. VI, 5; Merkel Proleg. p. CVII). Von dem „mythicon genus" sagt er a. a. O.: *Primum, quod dixi, in eo sunt multa contra dignitatem et naturam inmortalium ficta. In hoc enim est, ut deus alius ex capite, alius ex femore sit, alius ex guttis sanguinis natus* etc. Damit ist über die Herkunft unserer Notiz entschieden: sie stammt aus Varro's Divinarum libri, und zwar kann sie in den Büchern *de gente P. R.* nicht etwa auch vorgekommen sein, weil Mercurius zu den vom Anfang der Dinge vorhandenen dei selecti gehörte, während in jenen Büchern nur diejenigen Götter behandelt waren, welche sich auf das „civile genus theologiae" bezogen, d. h. verdiente Menschen, welche wegen ihrer der Mitwelt erwiesenen Wohltaten nach ihrem Tode zu Göttern erhoben wurden. — Wie sich übrigens Varro die Entstehung der Sage von der Geburt der Athene aus dem Haupte des Jupiter gedacht habe, ergiebt sich aus einer Angabe, die ich ebenfalls aus den *Divinarum libri* herleite, bei Augustin. C. D. IV, 10: *Aut si aetheris partem superiorem Minervam tenere dicunt*\*) *et hac occasione fingere poetas quod de Jovis capite nata sit.* —

P. 265,24 *Quamquam* — p. 266,4 *commemorant.* — Der ganze Passus handelt in der Hauptsache von der chronologischen Bestimmung der ogygischen Flut nach den Ansätzen des Varro. Africanus und Eusebius — Hieronymus. Diese sind bereits oben (p. 5) von uns erörtert worden. So erübrigt denn noch die Besprechung

---

\*) Aus Varro stammt auch wohl Arnob. III, 31 *Eamdem hanc alii aetherium verticem et summitatis ipsius esse summam dixerunt.* Eine ähnliche Auffassung hatte Porphyrius bei Macrob. Sat. I, 17 (Schluss), die varronische Ansicht dagegen findet sich bei Macrob. Sat. III, 4 (174,24 Eyss.), wo jedoch Hyginus (de dis Penatibus) Quelle zu sein scheint.

der Worte „sed tamen maius quam postea tempore Deucalionis fuit“. Ich vermute, dass dieselben auf Africanus zurückgehen, obwohl sich Definitives kaum gewinnen lässt. Africanus spricht nämlich in ziemlich starken Ausdrücken von den Verwüstungen der ogygischen Flut (πολλῶν διαφθαρέντων und διὰ τὴν ἀπὸ τοῦ κατακλυσμοῦ πολλὴν φθοράν Sync. 281. 1, 3), während sich bei keinem seiner Auszügler derartige Bemerkungen über die deukalionische Flut finden (s. Unger, Manetho p. 187), ihre weite Ausdehnung vielmehr bestritten und die Flut lediglich als eine lokale (τοπικός) Erscheinung aufgefasst wird. Dementsprechend mag Africanus nun wohl die ogygische Flut thatsächlich für bedeutender erklärt haben als die deukalionische, oder aber Augustinus kann auch seine diesbezügliche Angabe aus den erwähnten Ausdrücken erschlossen haben. — Eigene Zuthat des Augustinus ist Z. 26 *non illud — Z.* 28 *novit historia.*

P. 266,4 *Sed quolibet* — 7 *civitatem.* — Hieronymus p. 27 b (a. Abr. 468), wo sich jedoch nur die eine Überlieferung findet, nach welcher Cecrops Neuordner des athenischen Staates war. Woher Augustinus die zweite Version, welche den Cecrops zum Gründer der Stadt Athen machte, entnommen habe, ist nicht abzusehen: jedoch wird man wohl nach einer besonderen Quelle überhaupt nicht zu suchen brauchen, da die Erzählung von der Gründung Athens durch den Ägyptier Cecrops genugsam verbreitet war, um nicht auf die Allgemeinbildung Augustins zurückgeführt werden zu können.

Cap. 9 p. 266,11 *Nam ut* — 32 *vocaret.* — Durch ausdrückliches Citat (Z. 13) als varronisches Eigentum bezeichnet. Die bezügliche Schrift ist nicht genannt, doch haben bereits Kettner und Peter das Fragment mit Grund den Büchern *de gente P. R.* zugewiesen. — Nur die Worte 27 *quoniam* — 28 *non est* sind Zuthat des Augustinus.

P. 266,32 *Ita illa civitas* — p. 267,14 *properaret.* — Augustinus.

Cap. 10 p. 267,18 *Et tamen* — 268,11 *incongrua.* — Mit Ausnahme der Worte 267,11 *ubi* — 22/23 *eiusdem*, welche dem Augustinus gehören, aus Varro, wie das wiederholte Citat (p. 267,18; 268,10) und der ganze Zusammenhang lehrt, aber diesmal gewiss nicht aus den Büchern *de gente P. R.* Denn Varro teilte ja gerade nicht die Ansicht derer, welche die Einsetzung des Areopags in die Zeit des Königs Cecrops (oder Cranaus) verlegten und den Grund der Benennung in dem Umstande suchten, dass damals Gott Ares wegen des am Halirrhotios verübten Mordes auf dem bekannten Hügel in Athen vor ein aus zwölf Göttern bestehendes Gericht gestellt wurde,[*] vielmehr sagt Augustinus von Varro: *opinionem aliam quandam de obscurarum notitia litterarum*

---

[*] Stellen bei Pauly R. E. I, 2 p. 1493.

causam nominis huius conatur astruere. Worin diese *opinio* bestanden habe, erfahren wir nirgends, soviel aber ist sicher, dass Augustinus nicht durch Varros Vorgang bestimmt worden sei, gerade an dieser Stelle seiner Erzählung d. h. unter der Regierung des Cecrops von dem Ursprung des athenischen Blutrates zu handeln. Den Anlass dazu gab ihm eine Bemerkung des Hieronymus zum a. Abr. 509 (= 49. Jahr des Cecrops) *Arios pagus no nen iudicii constitutum*, und nur das Beiwerk entnahm Augustin aus Varro, aber nach dem Bemerkten schwerlich aus den Büchern *de gente P. R.*, sondern aus den *Divinarum libri* (cf. Civ. D. VI, 5; IV, 27; Merkel a. a. O. p. CVII).

P. 268,11 *et tamen* — 21 *non potuit*. — Varro's Bücher *de gente P. R.* cf. p. 266,11 ff.

P. 268,21—25 *His temporibus, ut Varro scribit, regnante Atheniensibus Cranao, successore Cecropis, ut autem nostri Eusebius et Hieronymus, adhuc eodem Cecrope permanente, diluvium fuit, quod appellatum est Deucalionis* —. Die Notiz des Hieronymus steht bei Schoene p. 27o, die des Varro stammt unzweifelhaft aus der Schrift *de gente P. R.*, in deren erstem Buche sich nach Arnobius V, 8 auch eine genauere Bestimmung der deukalionischen Flut fand: *Varro . . . . . . . . in librorum quatuor primo quos de gente conscriptos Romani populi dereliquit, curiosis computationibus edocet, ab diluvii* (sc. *Deucalionis*) *tempore . . . . ad usque Hirti consulatum et Pansae annorum esse milia nondum duo*. Hierher gehört ferner auch dem Inhalte nach die Angabe des Gellius I, 16,3 *Varro in XVII. humanarum: Ad Romuli initium plus mille et centum annorum est*, wo nach Mommsen (Röm. Chronol. p. 147 Anm. *inde a diluvio Deucalionis* zu ergänzen ist. Danach setzte Varro also die deukalionische Flut und Cranaus c. 1900 v. Chr. und Cecrops Beginn c. 1950 v. Chr. Dann ergiebt sich aber weiter, dass Varro, obschon er von Castor seine Bestimmung der ogygischen Flut übernahm, sich fernerhin desselben als Führers in der attischen Geschichte nicht bedient haben kann, da nach Castors Berechnung die Regierungen des Cecrops und des Cranaus anerkanntermassen weit niedriger zu stehen kommen. Ich kenne überhaupt nur einen Ansatz, der, vorausgesetzt dass man die Annahme einer Ungenauigkeit in demselben gelten lässt, mit demjenigen des Varro verglichen werden kann, bei Clemens. Alex. Str. I C. 21 § 139: εἰσὶ δὲ οἱ ἀπὸ Κέκροπος μὲν ἐπὶ Ἀλέξανδρον τὸν Μακεδόνα συνάγουσιν ἔτη χίλια ὀκτακόσια εἴκοσι ὀκτώ, ἀπὸ δὲ Δημοφῶντος χίλια διακόσια πεντήκοντα, καὶ ἀπὸ Τροίας ἁλώσεως ἐπὶ τὴν Ἡρακλειδῶν κάθοδον ἔτη ἑκατὸν εἴκοσι ἢ ἑκατὸν ὀγδοήκοντα. ἀπὸ τούτου ἐπὶ Εὐαίνετον ἄρχοντα (334 v. Chr.) ἐφ᾽ οὗ φασιν Ἀλέξανδρον εἰς τὴν Ἀσίαν διαβῆναι κτλ. Brandis de temp. ant. rat. p. 36 macht auf die Unzuträglichkeit in der Angabe des Clemens aufmerksam, indem er bemerkt, dass, wer den

Demophon ins J. 1584 v. Chr. setzte, nimmermehr den Beginn des Cecrops in das J. 2162 bringen konnte. Er folgert daher, dass Clemens den Cecrops mit Ogyges verwechselt habe, und sucht seine Annahme durch Hinweis auf die verwandte Berechnung der ogygischen Flut bei Castor zu stützen. Giebt man die Richtigkeit dieser Deduction zu, so haben wir in der Stelle des Clemens ganz ähnliche Ansätze, wie wir sie bei Varro gefunden haben. Auch diesem fiel ja die ogygische Flut (s. oben p. 5) ungefähr in dieselbe Zeit wie dem Castor, und rechnen wir ferner bei Clemens von Cecrops bis Demophon rund 390 Jahre, so kommt der Beginn des Cecrops bei diesem in das J. 1974 (390+1584) zu stehen, also wiederum ziemlich übereinstimmend mit Varro. Wenn nun, wie E. Rhode meint, die χρονικά des Dionysius von Halikarnass vorzugsweise von dem Chronographen des Clemens ausgeschrieben sind, so könnte man allenfalls annehmen, dass letzterer geradezu die Ansätze des Varro, der ja von Dionys auch sonst benutzt ist, im Auge gehabt habe. Aber natürlich ist dies alles sehr unsicher und nur deshalb hierher gesetzt, um eventuell anderen, welchen es etwa gelingt, besseres Material zu Tage zu fördern, als Handhabe zu dienen.

P. 268,25—26 *eo quod ipse regnabat in earum terrarum partibus, ubi maxime factum est.* — Nicht aus Varro, sondern aus Hieronymus p. 27 h und o (a. Abr. 482 und 495).

P. 268,26—28 *Hoc autem diluvium nequaquam ad Aegyptum atque ad eius vicina pervenit.* — Schon Unger (Manetho p. 187) hat diese Stelle in Vergleich gezogen mit folgenden Parallelangaben bei den Auszüglern des Africanus: Cedrenus I. 26 τούτου τοῦ κατακλυσμοῦ, τοῦ ἐπὶ Δευκαλίωνος δηλονότι, δοκοῦσι μεμνῆσθαι καὶ Αἰγύπτιοι, φάσκοντες τὴν χώραν αὐτῶν μὴ κατακεκλύσθαι, καὶ δικαίως φιλονεικοῦσι μὴ κατακεκλύσθαι τὴν Αἴγυπτον. τοπικὸς γὰρ οὗτος ὁ κατακλυσμός = Leo Gramm. in Cram. An. Paris. II, 258,21—23 = Theodos. Melit. p. 26,17—19. Es ergiebt sich also die Chronik des Africanus als Quelle für Augustinus, und zwar mit um so grösserer Sicherheit, als Africanus seinerseits aus dem Geschichtswerke des Manetho schöpfte, welches von Varro schwerlich benutzt worden ist.

Cap. 11 p. 268,33 *Eduxit* — p. 269,2 *Triopas.* — Hieronymus a. Abr. 506 (cf. a. Abr. 465, 488, 498).

P. 269,2 *Educto* — 11 *de caelo.* — Bibel (namentlich I Cor. 15,46 f.). Hieronymus a. Abr. 506. Augustinus.

P. 269,11 *Rexit* — 13 *centum et viginti.* — Hieronymus a. Abr. 506, 545 (p. 33 e).

P. 269,13 *cum Christum* — 16 *mandatis.* — Bibel. Augustinus.

P. 269,16 *Moysi* — 17 *conlocavit.* — Hieronymus a. Abr. 546, 555 (p. 33 k).

P. 269,17 *ex auctoritate* — 18/19 *tenebantur*. — Bibel.

P. 269,19 *Qui cum* — 23 *Erichthonio*. — Hieronymus a. Abr. 572 (cf. a. Abr. 538, 543, 563).

Cap. 12 p. 269,28 *Per haec* — 270,9 *redierunt*. — Abgesehen von der Anknüpfung an die biblische Chronologie (p. 269,28 *id est* — p. 270,1 *accepit*), die Augustinus aus Hieronymus entnommen hat, ist schon von Krahner de Varr. Antiq. p. 24 Varro als Quelle konstatiert durch Vergleichung mit Servius Aen. III, 578 (edd. Thilo et Hagen I, 1 p. 440,5—10). In Anbetracht der Thatsache dass es sich um Einrichtung von Culten handelt, wird man die Notiz wieder unter die Fragmente der Bücher *de gente P. R.* aufnehmen können.*) Freilich wird der chronologische Rahmen bei Varro ein anderer gewesen sein: da er nämlich die deukalionische Flut in die Regierung des athenischen Königs Cranaus setzte, wird er diesen Zeitpunkt als *terminus a quo* angenommen haben, während Augustinus dafür die Epoche des Auszuges aus Ägypten einsetzte, welche nach seiner und des Hieronymus Berechnung ungefähr mit der deukalionischen Flut zusammenfiel.

P. 270,9 *His temporibus* — 11 *hospitii suo*. — Varro dachte nicht im entferntesten daran den Liber pater (Dionysus) für einen zum Gott erhobenen Menschen zu halten, sondern rechnete ihn vielmehr unter die dei selecti (Augustin. C. D. VII, 2; Merkel a. a. O. p. CCXXI). Daher wird man wegen der Worte „*et post mortem deus habitus*" schwerlich Varro für den Gewährsmann halten können, aber auch die Bezeichnung des Bacchus als Dionysus weist auf die Benutzung einer griechischen Quelle. Dass diese die Chronik des Africanus gewesen sei, wird man aus der Vergleichung des Augustinus mit korrespondierenden Angaben des Hieronymus zu folgern geneigt sein:

| Augustinus. | Hieronymus. |
|---|---|
| His temporibus Dionysum, qui etiam Liber pater dictus est et post mortem deus habitus, vitem ferunt ostendisse in Attica terra hospiti suo. | a. Abr. 510: Vitis inuenta a Dionyso sed non Semelae filio. a. Abr. 520: Deucalionis filius Dionysus, uerum non ille Semelae filius, cum in Atticam peruenisset hospitio receptus a Semacho filiae eius capreae pellem largitus est. |

Die Berichte ergänzen sich gegenseitig, doch hat Augustinus insofern seine Vorlage geändert, als er den Dionysus nicht den Sohn des Deukalion, sondern Liber pater, also doch Sohn der Semele nennt. Ich halte somit die Worte „*qui — habitus*" für eigene Zuthat des Augustinus; eine besondere Quelle braucht man dafür nicht anzunehmen (vergl. jedoch Hieronymus p. 35 k).

---

*) Natürlich kann ähnliches auch in den *Divinarum libri* gestanden haben.

P. 270,11 *Tunc* — 16 *admoniti*. — Die gewöhnliche Sage weiss nichts davon, dass der Argiverkönig Danaus den Tempel des delphischen Gottes in Brand gesteckt habe, dagegen berichtet Hieronymus (a. Abr. 567), dass Phlegyas diese Frevelthat zur Zeit des D a n a u s begangen habe. Erinnert man sich nun, dass Phlegyas zu seiner That aus Grimm über die Verführung seiner Tochter Koronis durch Apollo veranlasst sein soll (Stellen bei Preller. Gr. Myth. 2.14; Pauly R. E. V, 1542), so liegt der Gedanke nahe, dass der Bericht des Augustinus von Varro herrühre, welcher diese seltene Version wieder irgendwo in „*obscurae litterae*" (s. Cap. 10. p. 267,29) aufgetrieben haben mag, um den von ihm unter die dei selecti gezählten Gott Apollo von dem Vorwurf des adulterium zu befreien. Man wird also die Notiz immerhin mit einiger Wahrscheinlichkeit den Büchern *de gente P. R.* zuweisen dürfen.

P. 270,16 *In Attica* — 20 *tradunt*. — Für die Worte „*sicut vini Liberum*" vergl. z. Z. 9. Für alles Übrige kann man getrost die Bücher *de gente P. R.* als Quelle annehmen, teils, weil es sich wieder, wie in der vorigen Notiz, um die Gründung von Spielen zu Ehren des Apollo\*) handelt, teils weil durch Vergleichung mit einem Varrofragmente eine Entscheidung ermöglicht ist:

A u g u s t i n u s.

In Attica vero rex Erichthonius . . ludos primus instituit . . . . Minervae, ubi praemium victoribus oleum ponebatur, quod eius fructus inventricem Minervam . . . . . tradunt.

P h i l a r g y r i u s georg. III. 113.

Varro in libro qui Admirabilium inscribitur Erichthonium ait primum equos quattuor iunxisse ludis qui Panathenaea appellantur.

Zur Erläuterung setze ich noch eine Stelle des Marmor Parium hierher, Ep. 10: ἀφ' οὗ Ἐριχθόνιος Παναθηναίοις τοῖς πρώτοις γενομένοις ἅρμα ἔζευξε καὶ τὸν ἀγῶνα ἐδείκνυε. Vergl. dazu die Citate Böckhs.

P. 270,20 *Per eos annos* — 29 *criminibus*. — Mit dem Ausdruck „*talium deorum cultores*" ist ohne Zweifel Varro gemeint, welcher dem Ansehen der Götter zu Liebe die Erzählung von dem Raube der Europa durch Juppiter verwarf und an deren Stelle eine sonst völlig unbekannte Version setzte, wonach der Raub vielmehr durch den Kreterkönig X a n t h u s vollführt wurde. Wenn Augustinus mit Rücksicht auf diesen Xanthus bemerkt: *cuius apud alios aliud nomen invenimus*, so denkt er wohl an den Kreterkönig A s t e r i u s, von welchem es a. Abr. 572 heisst: „*Europae filiae Foenicis mixtus est Juppiter, quam postea*

---

\*) Die Einsetzung pythischer (?) Spiele durch den athenischen König Erichthonios ist jedenfalls ein verhältnismässig junger Zug der Sage, erfunden um den erst ziemlich spät nach Athen gekommenen Dienst des Apollon Patroos (Mommsen, Heort. p. 51) mit den ältesten athenischen Culten in Verbindung zu bringen.

*Asterius Cretensium rex uxorem accipiens Minoëm ex ea et Radamanthum et Sarpedonem procreauit."* Dennoch würde man sehr irren, wenn man annehmen wollte, dass Augustinus mit den alii den Hieronymus gemeint und speciell die ausgeschriebene Stelle im Auge gehabt habe. Das ist ja deshalb unmöglich, weil Hieronymus den Asterius die Europa erst später, nach ihrem Raube durch Juppiter, als Gattin heimführen lässt, während Augustinus den Kreterkönig selbst als den Räuber bezeichnet. Ich finde nur einen Bericht, den man allenfalls mit der Angabe des Augustinus kombinieren könnte, nämlich Syncell. 289,2. wo Gelzer (Africanus I. 128 ff.) wohl mit Recht den auch für Augustinus sehr passenden Gewährsmann Africanus statuiert hat. indessen ist in jenem Berichte von dem Raube der Europa durch Asterius nicht ausdrücklich die Rede, obschon sie zwar die Gattin desselben heisst und ihre Vereinigung mit Zeus bestritten wird.\*) — Mythologisch nicht uninteressant ist die varronische Version von dem Kreterkönige Xanthus. Es ist ja längst erkannt, dass Ἀστέριος ursprünglich nichts weiter ist als ein Beiname des als Sonnengott (phönicisch Βεελσάμην) verehrten Zeus von Gortys auf Kreta (Preller. Gr. Myth. 2, 118.) Demgemäss wird man nun auch den Ξάνθος (d. i. der Glänzende) als einen Doppelgänger desselben Gottes aufzufassen haben. wie er noch einmal vorkommt bei Hecataeus von Milet (frg. 241 Müller) = Steph. B. Ξάνθος, πόλις Ἀρκίας, Ἑκαταῖος Ἀσίᾳ „παρ᾿ ᾗ Ξάνθος ἐξίησι ποταμός." ἐκλήθη δὲ ἀπὸ Ξάνθου Αἰγυπτίου ἢ Κρητὸς οἰκιστοῦ. Sonst erscheint Xanthos in der griechischen Mythologie als Inkarnation des Apollo.

P. 270,29 *His temporibus* — 271,4 *posset.* — Die Notiz über den syrischen Hercules, welchen Augustinus wieder von dem Überwinder des Antäus (p. 272,24) unterscheidet, kann weder aus Hieronymus noch aus Africanus stammen, da ersterer zwar einen Hercules „in Phoenice" zum a. Abr. 509 erwähnt, aber demselben nicht die Verrichtung der zwölf Arbeiten zuschreibt,\*\*) letzterer unter den zwölf Arbeiten ausdrücklich gerade die von Augustinus ausgeschlossene Besiegung des Antäus erwähnt,\*\*\*) auch den Hercules nicht den syrischen (oder phönicischen oder tyrischen) nennt, endlich denselben weit später als Augustinus, erst zur Zeit

---

\*) Sync. 289,2 Εὐρώπῃ τῇ Φοίνικος μυθεύεται Ζεὺς μιγῆναι. ὁ δ᾿ ἦν τεθνεώς. ὡς ἐν Κρήτῃ μαρτυρεῖ ὁ τάφος. αὕτη δ᾿ ἦν Ἀστερίου τοῦ Κρητῶν βασιλέως γαμετή. ἐξ ἧς ἔσχε τρεῖς υἱούς, Μίνωα καὶ Ῥαδάμανθυν καὶ Σαρπηδόνα, οἳ καὶ Διὸς ἐμυθεύοντο παῖδες εἶναι.
\*\*) Ausserdem ist diese Bemerkung im allgemeinen schon oben (p. 265,10) von Augustinus verwertet worden.
\*\*\*) Euseb. Canon. a. Abr. 771, 775 (= Hieron. a. Abr. 773). Syncell. 308,5; cf. Gelzer, Afr. I. 134.

des Richters Samson, auftreten lässt. Nun heisst es bei Servius Aen. VIII, 564 (II. 1 p. 279,23 ed. Thilo): *tunc enim, sicut et Varro dicit, omnes qui fecerant fortiter, Hercules vocabantur: licet eos primo XLIII. enumeraverit. hinc est quod legimus Herculem Tirynthium, Argivum, Thebanum, Libyn.* Die Lesart *Tirynthium* ist für Servius durch alle Handschriften sowie auch durch den Mythographus Vaticanus (III. 13,8) gesichert. Dennoch steckt in derselben gewiss eine alte Corruptel, welche Servius vermutlich schon vorgefunden haben wird. Es ist nämlich kaum denkbar, dass Varro neben dem argivischen Hercules noch einen tirynthischen genannt habe; denn der argivische war ja der tirynthische und umgekehrt der tirynthische der argivische. Ich vermute daher, dass Varro statt *Tirynthium* vielmehr *Tyrium* geschrieben habe, zumal man in seiner Aufzählung gerade den phönicischen Hercules vermisst. Wie dem aber auch sei, soviel ergiebt sich auf jeden Fall aus der Angabe des Servius, dass auch Varro „plures Hercules" gekannt und genannt habe, und wenn Servius in seiner Wiedergabe der varronischen Notiz den tyrischen Hercules wirklich überging, so ist damit natürlich nicht gesagt, dass auch Varro dies gethan habe. Nach alledem halte ich es für wahrscheinlich, dass Augustinus seine Notiz über den „Hercules in Syria" von Varro und zwar vermutlich aus dessen Schrift *de gente P. R.* überkommen habe.

Dagegen kann nun allerdings Varro nicht von „plures Liberi patres" berichtet haben, da er nur von einem Gotte dieses Namens wissen wollte, den er unter die dei selecti zählte. Augustinus muss also seine darauf bezügliche Angabe (p. 270,32) aus einer andern Quelle entnommen haben, und diese mag wohl Hieronymus gewesen sein (cf. a. Abr. 520, 588, 627, 690, 718).

Ebenfalls aus Hieronymus (p. 53 e = a. Abr. 823) stammt p. 271,1 *in Oeta monte — 4 possel,* nur ist dort nicht der *Oeta mons* genannt, dessen Erwähnung man jedoch als Zuthat des Augustinus aus seinem eigenen Wissen ansehen darf. Freilich hat der Kirchenvater dabei nicht bedacht, dass der syrische Hercules sein Leben doch wohl nicht gut in Griechenland geendet haben kann.

P. 271,4—6.

Illo tempore vel rex vel potius tyrannus Busiris suis diis suos hospites immolabat, quem filium perhibent fuisse Neptuni ex matre Libya, filia Epaphi.

Hieronymus p. 33, m (a. Abr. 558).

Busiris Neptuni et Libyae Epafi filiae filius aput uicina Nili loca tyrannidem exercet transeuntes hospites crudeli scelere interficiens.

Wie sich aus der Vergleichung der beiden gegenübergestellten Berichte ergiebt, ist Augustinus vorzugsweise dem Hieronymus

gefolgt. Aus der Benutzung des letzterem erklären sich
jedoch nicht die Worte *vel rex* und *suis diis . . . immolabat.*
Diese scheinen nun zum teil wenigstens aus Africanus zu
stammen, der sicherlich die gemeinsame Quelle des Euseb. =
Hieronymus und folgender Angabe des Syncell. 288,18 gewesen
ist: Βούσιρις Ποσειδῶνος καὶ Λιβύης τῆς Ἐπάφου παῖς
τῶν κατὰ τὸν Νεῖλον τόπων ἐτυράννει καὶ τοὺς παροδεύοντας
κατέθυε ξένους. Der Ausdruck κατέθυε, der genau dem
i m m o l a b a t des Augustinus entspricht, beweist, dass Syncellus
nicht aus Eusebius,*) sondern aus der gleichen Quelle mit
ihm d. h. aus Africanus geschöpft habe. Zieht man nun weiter
den Bericht des Orosius I, 11 § 2 (p. 60, 1—4)**) heran
(*Busiridis in Aegypto cruentissimi tyranni crudelis hospitalitas et
crudelior religio tunc fuit: qui innocentum hospitum sanguinem
diis scelerum suorum participibus propinabat*), so scheint sich zu
ergeben, dass auch dieser dem Africanus entstammt. Dann
wird man aber auch die Worte *suis diis . . . immolabat* unbedenklich
auf Africanus zurückführen dürfen, da man doch wohl an eine
Benutzung des Orosius durch Augustinus, die wenigstens für
die späteren Bücher der Schrift *de civitate dei* c h r o n o l o g i s c h
nicht unmöglich wäre, kaum wird denken können. So haben
wir nur noch die Variante *vel rex* zu besprechen, die schwerlich
aus der Benutzung des Africanus zu erklären ist; denn Eusebius,
Syncellus und Orosius bezeichnen den Busiris übereinstimmend
lediglich als „t y r a n n u s". Dagegen wird derselbe gerade
in den r ö m i s c h e n Quellen, abgesehen von Orosius, stets
r e x genannt, so vor allem bei Servius Georg. III, 5, ebenso
bei Philargyrius und Probus zu der nämlichen Stelle. Ferner
verwirft Augustinus gleich im Folgenden (Z. 6 *Verum non
credatur hoc stuprum — 9 placentur*) die Überlieferung, nach
welcher Busiris ein Sohn des Neptun und der Libya war, mit
Gründen, welche ganz den von Varro in seinen *Divinarum libri*
vorgetragenen Ansichten über die Reinheit und Heiligkeit der
Götter (vergl. das oben Bemerkte und die Fragmente bei
M e r k e l, Prolegomena zu Ovids Fasti p. CVII) entsprechen.
Man wird daher wohl annehmen dürfen, dass Varro in der
erwähnten Schrift, vermutlich als er über den Gott Neptunus
handelte, auch die schon von Eratosthenes als unhistorisch
verworfene Busirissage besprochen habe, und dass die Worte
*vel rex* ebenso wie Z. 6—9 bei Augustinus auf die Benutzung
der *Divinarum libri* zurückzuführen seien.

P. 271,9 *Erichthonii* — 11 *fuisse dicuntur*. — Hieronymus a. Abr. 533
(p. 31 h). 572.

---

*) Der Armenier hat statt des von Hieronymus überlieferten „*crudeli
scelere interficiens*" sogar den noch mehr abweichenden Ausdruck „*spoliabat*".
**) Vergl. V. 1 § 16.

P. 271,11 *Sed quoniam* — 23 *dictum esse filium*. — Die Art und Weise, wie Augustinus hier die Sage von der Geburt des Erichthonius kritisiert, entspricht wieder ganz den theologischen Anschauungen des Varro. Diesen wird man daher unter den *doctiores* (Z. 18) zu verstehen und im wesentlichen als Gewährsmann für den ganzen Passus anzusehen haben. Da sich nun aus Schol. Bob. Cic. Sest. II, 299 Or. ergiebt, dass Varro in seiner athenischen Königsliste auch den Erichthonius mit aufführte,*) so kann die Sage von der Geburt desselben in den Büchern *de gente P. R.* behandelt sein, in welchen ja, wie wir bemerkten, die athenischen Könige der Reihe nach verzeichnet waren. — Ausser Varro ist für die Erzählung der Sage selbst noch Lactant. I, 17 benutzt, vermutlich weil dieselbe bei Varro nur andeutungsweise mitgeteilt war.

Augustinus.

in amborum contentione Vulcanum commotum effudisse aiunt semen in terram atque inde homini nato ob eam causam tale inditum nomen. Graeca enim lingua ἔρις contentio, χθών terra est, ex quibus duobus compositum vocabulum est Erichthonius.

Lactantius.

tum in illa colluctatione Vulcanum in terram profudisse aiunt semen, unde sit Erichthonius natus: idque illi nomen impositum ἀπὸ τῆς Ἔριδος καὶ χθονός, id est, ex certamine atque humo.

Endlich ist noch zur Sache zu bemerken, dass in dem varronischen Teil der Notiz unter dem gemeinsamen Heiligtum des Vulcanus und der Minerva in Athen wahrscheinlich das Erechtheion zu verstehen ist.**)

P. 271,23 *Nominis* — 33 *est rerum*. — Augustinus.
Cap. 13 p. 272,4 *Post* — 7 *miserationem Dei*. — Bibel. Augustinus.
P. 272,7 *His temporibus* — 26 *praetermisi*. — Der ganze Abschnitt ist von Kettner den Büchern *de gente P. R.* zugewiesen worden, während Peter denselben vorsichtiger Weise nicht unter die Varrofragmente aufgenommen hat. Kettner stützt sich für seine Annahme auf die gleich im Folgenden sich anschliessende Bemerkung Augustins: *Hae fabulae bellum ad usque Troianum, ubi secundum librum Marcus Varro de populi Romani gente finivit* etc., jedoch liegt nach dem Wortlaute kein zwingender Grund vor, die Autorschaft des Varro für etwas Anderes in Anspruch zu nehmen als für die Thatsache, dass die Erwähnung des

---

*) *nam primus omnium Cecrops, dein Cranaus, tertio Amphictyon, post hunc Erichthonius; qui feruntur ex terra editi*. — Das Fragment stand in dem 2. Buche der *Rerum humanarum*. Die darauf bezüglichen Bedenken Ritschl's (Op. III, 446 Anm.) hat A. Kiessling, de Dionysi Hal. antiquir. auct. Lat. p. 41 beseitigt

**) Vergl. Curt Wachsmuth, die Stadt Athen I, p. 391 Anm. 3.

trojanischen Krieges den Schluss des zweiten Buches der Schrift *de gente P. R.* bildete. Auch lehrt eine Vergleichung, dass die von Augustinus in die Zeit von Jesus Nave bis zum trojanischen Kriege gesetzten fabelhaften Ereignisse sich ebenso oder ähnlich zu dem nämlichen Zeitabschnitte in der Chronik des Hieronymus angemerkt finden.

Das gilt gleich von der Notiz über Triptolemus, welche Hieronymus zum a. Abr. 615 bringt. Aber freilich hat Augustinus nur den Ansatz, nicht auch das Lemma des Hieronymus übernommen:

| Augustinus Z. 7—10. | Hieronymus a. Abr. 615. |
|---|---|
| His temporibus fabulae fictae sunt de Triptolemo, quod inbente Cerere anguibus portatus alitibus indigentibus terris frumenta volando contulerit. | Eleusinae Celeus regnauit coaeuus Triptolemo, quem Filochorus ait longa naui ad urbes accedentem distribuisse frumenta et ob id dedisse suspiciones, quod nauis eius serpens pinnatus fuerit. Est figura, quae possit recipi. |

Der Bericht des Hieronymus (resp. Eusebius) stammt ebenso wie derjenige des Joh. Antiochenus p. 538,5 (Müller) und des Syncell. 299,16 durch Vermittlung des Africanus aus Philochorus (vergl. Gelzer, Africanus I. 130 f.). Augustinus dagegen folgt der landläufigen Version, nach welcher Triptolemus von geflügelten Schlangen durch die Lüfte getragen wurde. Diese Version ist ja zwar in dem zweiten Teile der Notiz des Hieronymus ebenfalls kurz mitgeteilt und man könnte vielleicht meinen, dass Augustinus daher seinen Bericht entnommen habe, indessen spricht Hieronymus nur von *serpens pinnatus*, Augustinus dagegen im Plural von *angues alites*, ferner fehlt auch bei Hieronymus der Zusatz *iubente Cerere*. Nun war die Erzählung von der Fahrt des Triptolemus auf dem mit Drachen bespannten Wagen seit Sophocles bei den Schriftstellern und auf Bildwerken (O. Müller, Archeol. § 358,5 und die Citate bei Preller Gr. M. 1³, 636) so verbreitet, dass man bei dem Bildungsstand des Augustinus nicht nach einer besonderen Quelle zu suchen braucht, indessen scheint er doch speciell Ovid's Metamorph. IV, 642—661 vor Augen gehabt zu haben.\*)

Es schliessen sich bei Augustinus zunächst die Notizen über den Minotaurus und über die Centauren an. Diese fallen bei Hieronymus zwar auch noch in den Zeitabschnitt von Jesus

---

\*) Gerade der Zusatz *iubente Cerere*, der bei Hieronymus fehlt, würde dadurch seine Erklärung finden: v. 646 *rudi data semina iussit (sc. dea) spargere humo*, v. 660 *Lyncu Ceres fecit, rursusque per aëra iussit Mopsopium iuuenem sacros agitare iugales*.

Nave bis zur Eroberung Troja's, sind aber bei ihm, obschon er im übrigen auch hinsichtlich der Reihenfolge das Vorbild des Augustinus gewesen ist, später angemerkt. Um im Überblick das Verhältnis klar zu machen, setze ich die Angaben in der Reihenfolge des Augustinus mit den betreffenden Abrahamsjahren des Hieronymus her: 1. Triptolemus 615, 2. Minotaurus 787. 3. Centauren 776, 4. Cerberus 623, 5. Phryxus 634, 6. Gorgo 670, 7. Bellerophon 682, 8. Amphion 691, 9. Daedalus 735, 10. Sphinx 758, 11. Antaeus 773. Wodurch Augustinus veranlasst wurde die von Hieronymus vorgezeichnete Reihenfolge abzuändern, lässt sich nicht mit Bestimmtheit sagen. Doch scheint er die Notiz über die Centauren vor diejenige über den Cerberus gesetzt zu haben, weil in der Chronik des Hieronymus die Erwähnung beider, der Centauren sowohl als auch des Cerberus, mit Ereignissen verknüpft war, bei welchen Pirithous eine Hauptrolle spielte, nämlich mit dem Kampfe der Lapithen und Centauren einerseits und dem Raube der Proserpina andererseits. Die Notiz über den Minotaurus aber mag deshalb unmittelbar neben diejenige über Triptolemus getreten sein, weil auch bei Hieronymus der früheste Ansatz über König Minos (a. Abr. 613) in die Zeit des Triptolemus (a. Abr. 615) fällt. Genau genommen hätte dann freilich die Notiz über den Minotaurus bei Augustinus voranstehen müssen.

Wenn somit im grossen und ganzen die Chronik des Hieronymus dem Augustinus den Grundstock für die Aufreihung der *fabulae bellum ad usque Troianum* geliefert hat, so sind doch die Lemmata des Hieronymus ebenso wie bei Triptolemus auch bei den folgenden Notizen meist grundsätzlich von ihm vernachlässigt und an deren Stelle Angaben gesetzt worden, welche sich gröstenteils auf die Gesamtbildung des Kirchenvaters zurückführen lassen. So heisst es vom Minotaurus (Z. 10—12): *quod bestia fuerit inclusa Labyrintho, quo cum intrassent homines, inextricabili errore inde exire non poterant* — ein Gemeinplatz, welcher nur durch eine Vergilreminiscenz gelehrte Färbung erhalten hat; vergl. Verg. Aen. 6,27 *Minotaurus inest. Veneris monimenta nefandae, hic labor ille domus et inextricabilis error.*

Desgleichen haben zu allen übrigen Angaben von den Centauren bis zur Sphinx die Lemmata des Hieronymus nur die Anregung gegeben, während die Ausführung selbst von Augustinus herrührt. Ihm mochte wohl die gesuchte Deutelei der Fabeln, wie sie durch sämtliche Notizen des Hieronymus hindurchgeht, nicht zusagen, wenigstens giebt er im Folgenden eine ganz andere Erklärung für die Entstehung derselben.

P. 272,26—31 *Hae fabulae bellum ad usque Troianum, ubi secundum librum Marcus Varro de populi Romani gente finivit, ex occasione historiarum, quae res veraciter gestas continent, ita sunt ingeniis hominum fictae, ut non sint opprobriis numinum adfixae.* — Dem orthodoxen Kirchenvater, dem die Reinheit und Heiligkeit Gottes höher stand als alles, gefiel die energische Art und Weise, mit welcher Varro seine Götter gegen all die Scheusslichkeiten in Schutz nahm, welche die Fabeldichtung auf sie gehäuft hatte. Auch er hielt es für eine grosse Schlechtigkeit, derartiges von den Göttern zu erfinden, und meinte, dass diejenigen strenge Strafe verdient hätten, welche die Urheber solcher Erfindungen gewesen wären. Zornig ruft er aus (p. 273,8): *Qui utique quanto devotius Jovem coluut, tanto eos, qui haec de illo dicere ausi sunt, severius punire debuerunt.* Demgemäss ist man nun auch nicht immer berechtigt, wenn bei Augustinus nach varronischer Manier gegen irgendwelches Fabelgeschwätz über die Götter Kritik geübt wird, an der betreffenden Stelle den Varro als Gewährsmann vorauszusetzen. So wird man z. B. von unserer Notiz, trotzdem die Färbung derselben ganz varronisch erscheint, ja Varro ausdrücklich citiert wird, doch allein die Angabe, dass das zweite Buch der Schrift *de gente P. R.* mit dem trojanischen Kriege schloss, auf Varro zurückführen dürfen. Wenn nämlich Augustinus mit Bezug auf die im Vorhergehenden behandelten *fabulae* bemerkt, dass sie so erfunden seien, *ut non sint opprobriis numinum adfixae*, so lautet das ja scheinbar durchaus varronisch; sieht man sich nun aber mit Bezug darauf die Fabeln in einer etwas weiteren Fassung, als sie bei Augustinus gelesen werden, an, so ergiebt sich doch manches Ehrenrührige für die Götter. Das Flügelpferd **Pegasus** (Z. 18) galt z. B. in der Mythologie als eine Frucht der Liebe des Poseidon zur Gorgone Medusa. **Amphion** war von Zeus mit der schönen Sterblichen Antiope erzeugt, endlich **Antaeus** galt ebenfalls als ein Sohn des Poseidon nicht zwar mit seiner rechtmässigen Gattin Amphitrite, sondern mit der Gaea. Danach wird man kaum glauben können, dass das Urteil des Augustinus, welches sich nur auf das von ihm selbst Vorgebrachte gründete und alle weitere Beziehungen der Fabeln ausser Acht liess, auch dasjenige des Varro gewesen sei. Ebensowenig wird man die von Augustinus gleichfalls in unserer Notiz vertretene Ansicht, dass jene Fabeln *ex occasione historiarum quae res veraciter gestas continent* d. h. von Geschichtsschreibern zur Ergänzung und Erweiterung ihres Stoffes erfunden seien, für varronisch erklären können, denn nach Varro war das *mythicon* oder *fabulosum genus theologiae* ja gerade ein Erzeugnis der **Dichter** (s. oben u. Civ. d. VI. 5; Merkel, Proleg. zu Ovids Fasti p. CVII). — Als Resultat unserer Prüfung ergiebt sich somit, dass die ganze Notiz in der Hauptsache für Eigentum des Augustinus zu halten sei; nur die Worte *ubi — finirit* wird man als beiläufige Einschaltung aus Varros Schrift *de gente P. R.* anzusehen haben.

P. 272,31 *Porro autem* — p. 273,31 *non timerent*. — Augustinus behandelt in diesem Abschnitt nachträglich noch einige fabelhafte Ereignisse, welche er ebenfalls in den Zeitabschnitt von Jesus Nave bis zum trojanischen Kriege verlegt (vergl. Z. 4 *illis temporibus*, Z. 13 *His temporibus*, Z. 18 *Tunc*, Z. 27 *Per ea tempora*). Das Fundament der Darstellung hat wieder die Chronik des Hieronymus geliefert.

1. Der Raub des Ganymedes (272,31—273,2) ist von Hieronymus (p. 41 b) zum Abr. 660 (vergl. 657) angemerkt und dort auch in ganz ähnlicher Weise behandelt wie bei Augustinus. Dennoch aber kann Hieronymus allein nicht wohl die Quelle gewesen sein, da derselbe die von ihm befolgte Version der Sage mehr andeutet als ausführt und sich einiges bei Augustinus findet, was er aus Hieronymus nicht wohl entnommen haben kann:*)

Augustinus.

Porro autem quicumque finxerunt a Jove ad stuprum raptum pulcherrimum puerum Ganymedem, quod nefas rex Tantalus fecit et Jovi fabula tribuit.

Hieronymus.

Ob raptum Ganymedis Troi patri Ganymedis et Tantalo bellum exortum est ut scribit Fanocles poëta. Frustra igitur Jouis fabula et raptrix aquila confingitur.

Zunächst ersieht man aus dem Berichte des Hieronymus gar nicht mit Sicherheit, dass Tantalus wirklich auch der Räuber des Ganymedes gewesen sei, da nur von einem Kriege zwischen ihm und Tros *ob raptum Ganymedis* die Rede ist, ferner aber sucht man auch für das augustinische *ad stuprum raptum* ebendort vergebens nach einer Erklärung. Nun hat Hieronymus (resp. Eusebius) seine Notiz, wie eine Vergleichung mit Syncell. 305,11—14 lehrt, aus der Chronik des Africanus entnommen

---

*) Deshalb nun mit Kettner an Varro als Gewährsmann zu denken, würde gewiss übereilt sein. Welches freilich die Ansicht Varro's über den Raub des Ganymedes gewesen sei, wird sich mit Sicherheit schwerlich ausmachen lassen, indessen scheint er den Ganymedes nach der Weise der Älteren vielmehr *Catamitus* genannt zu haben. Ich schliesse das aus einer Angabe des Festus, de Signif. Verb. p. 7 (ed. Müller) *Alcedo dicebatur ab antiquis pro alcyone, ut pro Ganymede Catamitus, pro Nilo Melo.* deren varronische Herkunft durch Varro L. L. VII § 88 höchst wahrscheinlich wird (cf. Festus v. *Catamitus* p. 44, *Alumento* p. 18). Bei der bekannten Abhängigkeit des Lactantius von Varro möchte man weiter annehmen, dass dieser gegen des letzteren Auffassungen eifert, wenn er I, 11 sagt: *Nam quod aliud argumentum habet imago Catamiti, et effigies aquilae, cum ante pedes Jovis ponuntur in templis, et cum ipso pariter adorantur, nisi ut nefandi sceleris ac stupri memoria maneat in aeternum? Non igitur a poëtis totum fictum est.* Ist unsere Vermutung richtig, so verwarf Varro, worauf namentlich der Schluss der mitgeteilten Notiz führt, auch die Fabel von Ganymedes, wie so manche andere, als dichterische Erfindung.

(Gelzer, Africanus I, 134); Spuren derselben Quelle zeigt auch der Bericht des Orosius 1, 12 § 4—5: so scheint sich zu ergeben, dass dieser sowohl wie Augustinus zur Ergänzung der unvollständigen Angaben des Hieronymus auf Africanus zurückgriff. Um das Verhältnis der verschiedenen Berichte zu einander klar zu legen, wird es genügen, noch die Versionen des Syncellus und des Orosius herzusetzen:

Syncellus.

Γανυμήδην ὁ Τάνταλος ἁρπάσας υἱὸν τοῦ Τρωὸς ὑπ' αὐτοῦ κατεπολεμεῖτο Τρωός, ὡς ἱστορεῖ Δίδυμος ἐν ἱστορίᾳ ξένῃ καὶ Φανοκλῆς. μάτην ἄρα τοῦ Διὸς ὡς ἀετοῦ τοῦτον ἁρπάσαντος ὁ μῦθος καταψεύδεται.

Orosius.

quorum Tantalus rex Frygiorum Ganymedem, Troi Dardaniorum regis filium, cum flagitiosissime rapuisset, maiore conserti certaminis foeditate detinuit, sicut Fanocles poeta confirmat, qui maximum bellum excitatum ob hoc fuisse commemorat: sine quia hunc ipsum Tantalum utpote adseculam deorum uideri uult r a p t u m  p u e r u m  a d  l i b i d i n e m  J o u i s familiari lenocinio praeparasse. —

2. Danae (273,2—4). — Grundquelle ist wieder Hieronymus a. Abr. 605 (p. 37 d), während die Ausführung diesmal aus Lactantius I, 11 entnommen ist:

Augustinus.

vel Danaes per imbrem aureum adpetisse concubitum, ubi intellegitur pudicitia mulieris auro fuisse corrupta.

Lactantius.

Danaen violaturus, aureos nummos largiter in sinum eius infudit. Haec stupri merces fuit. At poetae, qui quasi de deo loquebantur, ne auctoritatem creditae maiestatis infringerent, finxerunt, ipsum in aureo imbre delapsum.

Man darf sich nicht etwa verleiten lassen, als gemeinschaftliche Quelle für Augustinus und Lactantius den Varro anzunehmen, da die euhemeristische Erklärungsweise der Liebe des Zeus zur Danae gewiss nicht nach dem Geschmack des letzteren war.*) Varro wird die ganze Erzählung einfach für dichterische Erfindung erklärt haben (vergl. Merkel a. a. O. p. CVII).

3. 273,4 *quae illis* — 13 *timuerunt*. — Räsonnement des Augustinus mit Benutzung varronischer Anschauungen über die Entstehung der Mythen. Die chronologische Bestimmung *illis temporibus* ist schon vorhin auf Hieronymus zurückgeführt.

4. 273,13—18 *Ilis temporibus Latona Apollinem peperit, non*

---

*) Dagegen wäre es nicht unmöglich, dass beide gleichmässig aus dem von ihnen auch sonst benutzten Euemerus des Ennius geschöpft hätten.

*illum, cuius oracula solere consuli superius loquebamur. sed illum, qui cum Hercule servivit Admeto; qui tamen sic est deus creditus, ut plurimi ac paene omnes unum eundemque Apollinem fuisse opinentur.* — Hieronymus a. Abr. 667 (p. 41 c) *Latona mater Apollinis qui cum Hercule seruiit Admeto* ist die eigentliche Quelle gewesen. Die Unterscheidung des Apollo, welcher dem Admetus diente, von dem Gotte Apollo ist wohl eigene Erfindung des Augustinus, der auf diese Weise eine Vermittlung zwischen der gewöhnlichen, auch bei Hieronymus vorliegenden Version des Mythus und der Auffassung des Varro herstellen wollte. Letzterer nämlich rechnete den Apollo zu den **dei selecti** (Merkel a. a. O. p. CCXXXIV) und verwarf demnach natürlich auch dessen Abstammung von der Latona sowie die Erzählung von der Dienstzeit des Gottes beim Admetus.[*]  Endlich ist noch zu bemerken, dass die frühere Angabe über den Orakel erteilenden Apollo, auf welche sich Augustinus beruft, im 9. Capitel (p. 266,15) zu lesen ist.

5. 273,18 *Tunc* — 20 *furore*. — Hieronymus a. Abr. 691,718. Den Zusatz *quae Bacchae appellatae sunt* halte ich für Reminiscenz aus irgend einer varronischen Schrift, vergl. L. L. VII, 87 *Liber, quoius comites Bacchae*. Die Worte *non tam cirtute nobiles quam furore* sind Eigentum des Augustinus.

6. 273,21 *Aliqui* — 22 *cinctam*. — Die Quelle habe ich nicht auffinden können.

7. 273,22 *nonnulli* — 23 *lucent*. — Hieronymus a. Abr. 718.

8. 273,23 *et tamen* — 27 *prohiberet*. — Die im J. 186 v. Chr. durch Senatsbeschluss erfolgte Aufhebung der Bacchanalien zu Rom wird von Augustinus noch einmal in folgendem Zusammenhange erwähnt: C. D. VI, 9 (p. 263,11) *Sic Bacchanalia summa celebrabantur insania; ubi Varro ipse confitetur a Bacchantibus talia fieri non potuisse nisi mente commota. Haec tamen postea displicuerunt senatui saniori, et ea iussit auferri.* Mit Rücksicht auf das ausdrückliche Citat wird man nicht abgeneigt sein, diese ganze Stelle auf Varro zurückzuführen. Damit würde dann auch über die Herkunft unserer Notiz entschieden sein, doch dürfte man wohl eher an die *Divinarum libri* als an die Bücher *de gente P. R.* als Quelle zu denken haben. Übrigens konnte Augustinus von dem zwar inschriftlich erhaltenen, aber bei den Schriftstellern selten erwähnten Senatskonsult auch aus Livius (39,8 ff.) Kenntnis haben, wobei ich die Frage unerörtert lasse, ob Augustinus den vollständigen Livius oder nur eine Epitome desselben benutzte.[**]

---

[*] Dies ist ausdrücklich angezeigt in dem Varrofragmente bei Augustin. C. D. VI, 5 (*Rerum Divinarum I frg. 5 Merkel*): *In hoc enim est . . . . . ut dii furati sint, ut adulterarint, ut servierint homini.*

[**] Nach K. Zangemeister, die Periochae des Livius (Heidelberger Fest-

9. 273,27 *Per ea tempora Perseus* — 30 *timerent*. — Die Versternung des Perseus und der Andrometa wird auch in den Catasterismen des Eratosthenes, ferner von Hygin und dem Scholiasten des Germanicus berichtet. Welcher Quelle Augustinus folgte, ist nicht abzusehen, obschon Varro in mehr als einer seiner Schriften das Thema berührt haben mag. Die chronologische Anknüpfung an den Zeitabschnitt von Jesus Nave bis zum Trojanerkriege *(per ea tempora)* ist aus Hieronymus erschlossen (vergl. oben zu Z. 18—20).

Cap. 14 p. 274,3 *Per idem temporis intervallum extiterunt poëtae* — 14 *Orpheus. Musaeus. Linus*. — Auch diese Bemerkung knüpft wieder an die vorhin erwähnte Zeit von Josua bis zum trojanischen Kriege an, wie überhaupt alle Ereignisse, welche Augustinus in dem 14. und 15. Capitel behandelt, noch dieser Zeit angehören. Das beweisen seine eigenen Worte am Schluss des 15. Capitels: *Hos ante Troianum bellum divinos honores mortuis hominibus detulerunt* und am Anfang des 16. Capitels: *Troia vero eversa* etc. Die Chronologie der drei mythischen Dichter, Orpheus, Musaeus und Linus, stammt aus Hieronymus' Chronik (a. Abr. 754, 755) *) Der grosse Zwischensatz zwischen *poëtae* (Z. 3) und *Orpheus* (Z. 14) ist Eigentum Augustinus mit starker Benutzung von Lactantius I, 5 (*Orpheus, qui est vetustissimus poëtarum* bis *cui assignat et tribuit principatum.*).

P. 274,14 *Verum isti theologi* — 17 *impiorum*. — Augustinus hielt also den Sänger, den mystischen Dichter und den Priester Orpheus für ein und dieselbe Persönlichkeit. Eine besondere Quelle für die Notiz wird man nicht anzunehmen brauchen.

P. 274,17 *Uxor autem* — 21 *Castor et Pollux*. — Wenn Augustinus von Ino und Melicertes, Castor und Pollux berichtet, dass sie Menschen gewesen und nach ihrem Tode *opinione hominum* für Götter erklärt seien, so klingt das nur scheinbar varronisch. Denn seiner Einteilung der Götterlehre gemäss hatte Varro zwar, wie wir wiederholt bemerkten, nicht nur in den *Divinarum libri* sondern auch in den Büchern *de gente P. R.* (und zwar dort in historischer Folge) von solchen Culten gehandelt, welche für Sterbliche nach ihrem Tode eingerichtet waren, andererseits aber kamen dabei doch nur Persönlichkeiten in Frage, deren historische Existenz dem Varro über alle Zweifel erhaben war und denen die göttliche Verehrung von seiten des Volkes und namentlich auch der Priesterschaften (Civ. D. VI, 5; Merkel, Proleg. p. CIX) wegen hervorragender Verdienste zu teil

---

schrift zur XXXVI. Philologenversammlung 1882. 1(3). der diese Frage zuerst angeregt und eine besondere Untersuchung darüber in Aussicht gestellt hat, „ist es sehr wahrscheinlich, dass die bei Augustin de civitate dei sich findenden Livius-Excerpte auf dieselbe Quelle, vermutlich sogar auf dasselbe Exemplar, welches dem Orosius vorlag, zurückgehen."

*) Vergl. auch Cap. 37 (p. 312,21).

geworden war. Varro war also weit entfernt der euhemeristischen Methode das Wort zu reden, welche die Götterwelt aus der Apotheose ausgezeichneter Menschen zu erklären suchte (vergl. auch Merkel a. a. O. p. CLXXXIX). Diese Methode tritt aber augenscheinlich bei Augustinus hervor, wenn er Ino-Leucothea und Melicertes ebenso wie die Dioskuren, welche Varro vielmehr höchst wahrscheinlich unter die dei certi rechnete (Merkel a. a. O. CCI), für Menschen hält, denen nach ihrem Tode göttliche Ehre erwiesen wurde. Nun hat Augustinus die ἱερὰ ἀναγραφή des Euhemerus in der in der lateinischen Bearbeitung des Ennius gekannt und benutzt: an zwei Stellen seiner Schrift de civitate dei (VI, 7; VII, 27) nennt er dieselbe mit besonderer Achtung und stellt ihre Autorität sogar höher als die seines geschätzten Varro, wie denn freilich den Kirchenvätern keine Auffassung des antiken Polytheismus so sehr zusagen konnte, als die des Euhemerus. Ich möchte daher die augustinische Erklärung des Leucothea- und des Dioskurenmythus auf die Benutzung der Sacra historia des Ennius zurückführen und werde in meiner Ansicht dadurch bestärkt, dass auch bei Lactantius, der jene Schrift ebenfalls stark ausgebeutet hat, sich eine ganz homogene Deutung wenigstens des Leucotheamythus findet, Inst. I, 21 *Solent enim mortuis consecratis nomina immutari, credo, ne quis putet eos homines fuisse. Nam et Romulus post mortem Quirinus factus est, et Leda Nemesis, et Circe Marica, et Ino, postquam se praecipitavit, Leucothea materque Matuta, et Melicertes, filius eius, Palaemon atque Portunus.* — Endlich ist noch zu bemerken, dass den Anlass zur augustinischen Notiz und zu der chronologischen Anknüpfung an die Zeit von Jesus Nave bis zum trojanischen Kriege wieder — und das spricht ebenfalls gegen Benutzung des Varro, wenigstens seiner Schrift *de gente P. R.* — die Chronik des Hieronymus (a. Abr. 669 und 758) gegeben hat.

P. 274,21—22 *Illam sane Melicertes matrem Leucotheam Graeci, Matutam Latini vocaverunt, utrique tamen putantes deam.* — Merkel (Proleg. CCXVI) hält diese Notiz für varronischer Herkunft, wie ich meine, ohne ausreichenden Grund. Denn in den auf uns gekommenen Zeugnissen fehlt jedes Anzeichen dafür, dass Varro die italischen Gottheiten Matuta und Portunus sowohl zu einander als auch beide zu den hellenischen Gottheiten Leucothea und Melicertes in Beziehung gebracht hatte. vergl. Varro L. L. VI, 19: *Portunalia dicta a Portuno, quoi eo die aedes in portu Tiberino facta et feriae institutae:* Interpp. ant. ad Aen. 5,241: *Portunus, ut Varro ait, portuum portarumque praeses. Quare huius dies festus Portunalia, qua apud veteres claves in focum (forum Merkel) add . . . mare institutum.* Andererseits würde es auch Wunder nehmen, bei einem Kenner in diesen Dingen, wie Varro, einer derartigen hellenisierenden Deutung italischer Götterlehre zu begegnen, die in diesem Falle um so auffallender wäre, als in Latium wenigstens der Cultus der Leucothea und des Melicertes nirgends nachweisbar ist. Nun wird man allerdings wegen der Erwähnung der Matuta bei Augustinus an eine römische Quelle zu denken haben, und diese dürfte wohl wieder der Euemerus des Ennius gewesen sein, wie sich teils aus dem Zusammenhange mit der vorigen Notiz teils aus einer Vergleichung mit der ausgeschriebenen Parallelstelle des Lactantius ergiebt.

Cap. 15 (p. 274,26—275,30) behandelt die älteste latinische Geschichte bis zum trojanischen Kriege. Schon Kettner hat fast das ganze Capitel Varro's Büchern *de gente P. R.* zugewiesen, ferner hat Merkel a. a. O. p. CCIV den Stammbaum der altitalischen Könige für varronisch erklärt. Indessen liegt die Sache doch nicht so einfach, wie es wohl scheinen möchte. Denn zwar spricht es gewiss für die Güte der benutzten Quelle, dass Picus, mit Übergehung des Janus und Saturnus, ebenso wie bei Sueton und den von ihm abhängigen Chronographen\*), als erster König in Latium genannt wird, aber andererseits heisst Picus bei Augustinus doch ein Sohn des Saturnus, und das kann nimmermehr als Varro's Ansicht gelten. Denn dieser rechnete den Saturnus ja zu den dei selecti (Augustin. C. D. VII, 2; Merkel a. a. O. CCXXI) und suchte demnach gewiss alles Irdische von ihm fern zu halten, resp. als Fabelgeschwätz und Erfindung der Dichter zu erweisen. Durchaus nur als Gott erscheint Saturnus auch in den meisten sonst erhaltenen Angaben Varro's, und zwar als Personifikation des die Saaten reifenden Himmels, L. L. V, 57 *Principes dei Caelum et Terra . . . . . Idem principes in Latio Saturnus et Ops;* V, 64 *Quare quod caelum principium, ab satu est dictus Saturnus;* Lactantius I, 21 *Apparet tamen antiquum esse hunc immolandorum hominum ritum, siquidem Saturnus in Latio eodem genere sacrificii cultus est, . . . . . . . . . . quod ex responso quodam factitatum Varro auctor est.*\*\*) Diesen Zeugnissen gegenüber, zu denen noch die schon von Merkel p. CCXXI unter die Fragmente des XVI. Buches der *Divinarum libri* aufgenommenen Citate bei Augustin. C. D. VI, 8 und VII, 13, 19, sowie Festus p. 186,24, kommen, kann es nicht ins Gewicht fallen, wenn man bei Lactantius I, 13 liest: *Omnes ergo non tantum poëtae, sed historiarum quoque ac rerum antiquarum scriptores hominem (sc. Saturnum) fuisse*

---

\*) Mommsen, Chronograph p. 649; Reifferscheid, Sueton. p. 315, 460
\*\*) Ähnlich Varro bei Macrob. Sat. I, 7, 28—31. Damit verglichen ergiebt sich auch für Dionys. Hal. A. R. I, 38 Varro als Gewährsmann (cf. A. Kiessling, de Dionysi Hal. Ant. auct. Lat. p. 39).

*consentiunt, qui res eius in Italia gestas memoriae prodiderunt, Graeci Diodorus et Thallus; Latini Nepos et Cassius et Varro.* Hätte Varro derartiges in der That als seine Ansicht überliefert, so würde er dadurch seiner ganzen Götterlehre einen Schlag ins Gesicht gegeben haben, denn sein Bestreben war ja gerade darauf gerichtet, eine Anzahl von Göttern als Personifikationen von Naturkräften zu erweisen und damit die Unmöglichkeit der euhemeristischen Erklärungsweise darzuthun. Man wird daher annehmen müssen, dass entweder das Citat des Varro in der Eile dem Lactantius mit untergelaufen sei, oder dass allerdings in den varronischen Schriften von Saturnus dem Menschen gehandelt war, aber doch nur um die darauf bezüglichen Erzählungen als Erfindung zu kennzeichnen.*) Wenden wir uns nach diesen Vorbemerkungen nun zu dem Berichte des Augustinus zurück, so finden wir auch dort die Bestätigung für die Richtigkeit unserer Annahmen. Nachdem nämlich der Kirchenvater zunächst ohne weiteres den Picus einen Sohn des Saturnus genannt hat, fährt er folgendermassen fort p. 275,8: *De huius Pici patre Saturno viderint quid sentiant talium deorum cultores, qui negant hominem fuisse . . . . . .* und weiter Z. 18 *et Pici patrem Stercem potius fuisse adseverent, a quo peritissimo agricola inventum ferunt, ut fimo animalium agri fecundarentur, quod ab eius nomine stercus est dictum; hunc quidam Stercutium vocatum ferunt . . . . . . . . . hunc Stercen sive Stercutium merito agriculturae fecerunt deum.* Es ist nichts in diesen Angaben enthalten, was nicht durchaus zu den Ansichten des Varro passte: man wird daher unter den *deorum cultores* **) gerade ihn zu verstehen haben. Demnach hatte Varro also überliefert, dass der Vater des Picus ein erfahrener Landmann namens Sterces oder Stercutius gewesen sei, welcher die rationelle Düngungsmethode erfunden habe und nach seinem Tode als *agriculturae deus* verehrt worden sei.***)

---

*) Es ist daher mindestens zweifelhaft, ob die Angabe des Lactantius mit Merkel a. a. O. p. CCXXII unter die Fragmente der *Divinarum libri* zu setzen sei. Sicherlich zu streichen ist lib. XVI frg. 3 (Augustin. C. D. VII, 4; Merkel p. CCXXI), wie überhaupt die *Antiquitates rerum divinarum* trotz der zu den besten bisherigen Varroleistungen gehörenden Behandlung Merkels einer erneuten Untersuchung bedürfen, die namentlich auf die Quellen der früheren Bücher von Augustinus Schrift *de civitate dei* gerichtet sein müsste.

**) Ich erinnere an den ganz ähnlichen Ausdruck *talium deorum cultores* (p. 270,24), unter welchem wir gleichfalls Varro verstehen mussten.

***) Über den Düngergott giebt es noch andere Berichte, (s. Clausen, Äneas S. 862; Hartung, Rel. der Römer 2 S. 128; Pauly R. E. VI, 1, 437 und 1417), welche aber sämtlich nicht dem Varro entstammen, namentlich auch in Bezug auf die Namensform des Gottes von ihm abweichen. Die einzige Angabe, welche mit Varro Verwandtschaft zeigt, findet sich bei Servius Aen. X 76 *sed Pilumnus idem Stercutius, ut quidam dicunt, qui propter pilum inventum, quo fruges confici solent, ita appellatus est. sic ergo* (so Fritz Schöll statt des

Ganz ähnlich ist der Bericht über Picus gehalten. Auch dieser wird nicht, wie namentlich in den Versionen des Malalas und Genossen, mit Zeus identificiert, sondern weil er im Leben ein tüchtiger Augur und Kriegführer war, soll dem Verstorbenen göttliche Verehrung zu teil geworden sein: *Picum quoque similiter eius filium in talium deorum numerum receperunt, quem praeclarum augurem et belligeratorem fuisse asserunt.* Man wird daher auch für dieses Stück den Varro als Gewährsmann voraussetzen dürfen, der seinerseits wieder aus den l i b r i  p o n t i f i c a l e s geschöpft zu haben scheint, vergl. Servius Aen. VII, 190 *Picum amavit Pomona . . postea Circe, cum eum amaret et sperneretur, irata eum in avem, picum Martium, convertit: nam altera est pica. hoc autem ideo fingitur, quia augur fuit et domi habuit picum, per quem futura noscebat: quod pontificales indicant libri.*\*)

An die Notiz über Picus schliesst sich dann bei Augustinus folgende Bemerkung an: *Picus Faunum genuit, Laurentum regem secundum: etiam iste deus illis vel est vel fuit. Hos ante Troianum bellum divinos honores mortuis hominibus detulerunt.* Der varronische Ursprung derselben ergiebt sich teils aus Vergleichung von Tertull. ad nat. 2,9, Serv. Aen. VIII, 275 und Macrob. Sat. I, 12,27 (von Merkel a. a. O. p. CLXXXV und CLXXXVIII unter die Fragmente der *Divinarum libri* aufgenommen) teils aus der Erwägung, dass Varro in der Schrift *de gente P. R.* gerade die Einrichtung von Kulten zu Ehren ausgezeichneter Menschen möglichst genau vermerkt hatte.

Für den übrigen Inhalt des 15. Capitels ist nunmehr die Quellenanalyse weniger schwierig. Gleich der Anfang p. 274,26—29 *Per ea tempora regnum finitum est Argivorum,*

---

handschriftlichen *si ergo) proavus Latini est, non Turni avus: nam Stercutii Picus. Pici Faunus, Fauni Latinus est filius.* Möglich ist aber auch, dass Augustinus die Variante *hunc quidam Stercutium vocatum ferunt* überhaupt nicht aus Varro, sondern aus dem von ihm benutzten Vergilkommentar entnommen hat (s. Exkurs I).

\*) Die Thätigkeit des Picus als Augur deutet auch Vergil an, Aen. VII, 187: *Ipse Quirinali lituo parvaque sedebat / Succinctus trabea laevaque ancile gerebat / Picus, equum domitor,* wozu Servius bemerkt (188): *Succinctus trabea toga est augurum de cocco et purpura. ancile scutum breve* ferner (180): *bene autem supra ei lituum dedit, quod est augurum proprium: nam ancile et trabea communia sunt cum Diali vel Martiali sacerdote,* endlich IX, 4: *sed secundum augures „sedere" est augurium captare: namque post designatas caeli partes a sedentibus captantur auguria: quod et supra ipse ostendit latenter, inducens Picum solum sedentem . . . . . . cum alios stantes induxerit.* Selbst wenn es nun feststände, dass die Bezeichnung *equum domitor* für Picus bei Vergil sich auf die Thätigkeit des Königs als *belligerator* (Augustin) bezöge, müsste man doch die Benutzung Varro's bei dem Dichter in Frage stellen, da ihre Angaben über die latinischen Urkönige erheblich von einander abweichen.

*translatum ad Mycenas, unde fuit Agamemnon, et exortum est regnum Laurentum, ubi Saturni filius Picus regnum primus accepit, indicante apud Hebraeos femina Debbora* stammt bis auf die Worte *et exortum — accepit* aus der chronologischen Hauptquelle des Augustinus, der Chronik des Hieronymus a. Abr. 705 und 821.[1]) Über die latinischen Könige bringt zwar Hieronymus ebenfalls eine Notiz, aber dieselbe kann, wie eine Vergleichung lehrt, nicht die Quelle für den Ansatz des Augustinus gewesen sein, a. Abr. 839 *Ante Aeneam Janus Saturnus Picus Faunus Latinus in Italia regnauerunt annis circiter CL.* Charakteristisch für die von Augustinus benutzte Quelle ist nun 1. der Umstand, dass Picus in derselben Sohn des Saturnus heisst. 2. dass der Anfang des Latinerreiches ungefähr[2]) mit dem Ende des regnum Argivorum d. h. des Königs Akrisios zusammenfiel. Beides fand sich in der Chronik des Africanus, dessen lateinische Liste bei Syncell. 322,20 ff. und 450,10 ff., ferner überarbeitet in den Excerpta Latina Barbari erhalten ist. Dieselbe lautete folgendermassen: 1. Picus (υἱὸς Κρόνου) 37 J. 2. Faunus 44 J. 3. Hercules 35 J.[3]) 4. Latinus 33 J. bis zur Zerstörung Trojas und Ankunft des Äneas in Italien: Summa 149 Jahre. Setzen wir nun die troische Epoche 1183 v. Chr.,[4]) so kommen wir mit dem Anfang des Latinerreiches ins J. 1331 v. Chr., also ungefähr in das Ende der Herrschaft des Akrisios (1356—1325 v. Chr.)[5]) Danach dürfte für den nicht aus Hieronymus stammenden Teil der augustinischen Angaben wohl Africanus als Gewährsmann auszusetzen sein.

P. 275,1 *sed per — 4 prolatum.* — Bibel. Augustinus.
P. 275,4 *Jam ergo — 6 Graecos.* — Varro *de gente P. R.*, vergl. Cap. 2

---

[1]) Die chronologische Anknüpfung *per ea tempora* bezieht sich noch immer auf die Zeit von Jesus Nave bis zum trojanischen Kriege (s. zu Cap. 13 und 14).

[2]) Dass nur an ein ungefähres Zusammenfallen zu denken sei, ergiebt sich aus der (von Augustinus selbst verfassten) Überschrift des 15. Capitels: De occasu regni Argivorum, quo tempore apud Laurentes Picus Saturni filius regnum patris primus accepit. Auch im Texte kann man aus dem Vorhergehenden *per ea tempora* recht wohl auf *exortum est* beziehen.

[3]) Dass Hercules, der bei Sueton fehlt, von Africanus mitgezählt wurde, ergiebt sich aus Syncell. 450,13. Africanus hatte eben neben Sueton, wie dies auch Syncell. 323,13 f. lehrt, für die latinische Geschichte noch andere Quellen benutzt.

[4]) Diesen Ansatz halte ich trotz der gegenteiligen Bemerkungen Ungers (Philol. Anz. 1881 p. 85 f.; Abh. d. bayer. Ak. XVII, 3, 1885 p. 550 ff.) für africanisch. Die Hauptschwierigkeit dabei, dass nämlich die Ausschreiber des Africanus den troischen Krieg vom Anfang bis zum Ende unter Eli (1210—1190 v. Chr.) setzen, glaube ich jetzt durch den allerdings hier in der Kürze nicht zu erbringenden Nachweis beseitigen zu können, dass jene Ausschreiber die Chronologie des Africanus für die Richterzeit nur in der Summe, nicht auch in den Einzelposten getreu wiedergegeben haben.

[5]) s. Unger, Abh. d. bayer. A. p. 554.

p. 257,24 f., wo freilich ein Unterschied zwischen *reges Laurentes* und *reges Latini* nicht gemacht wird. Doch findet sich derselbe auch in dem folgenden der Hauptsache nach ganz aus Varro stammenden Capitel (16), andererseits kann er weder aus Hieronymus (s. darüber zu 281,16. 30; 282,12) noch aus Africanus (Syncell. 322,15 ff.; 450,18 f.) herrühren.

P. 275,6 *et tamen* — 8 *coepisset* — Combination von Africanus und Hieronymus. Nach ersterem nämlich fiel der Anfang des Picus in das Ende der Herrschaft des Akrisios, dieses aber nach letzterem in die Regierungszeit des Assyrerkönigs Lampares.

P. 275,8 *De huius* — 10 *fuisse.* — Varro *de gente P. R.*, s. die vorhergehenden Bemerkungen.

P. 275,10 *de quo* (sc. Saturno) *et alii scripserunt, quod ante Picum filium suum in Italia ipse regnaverit.* — Obschon Picus als erster latinischer König gezählt wird, soll doch auch schon Saturnus regiert haben. Das war die Ansicht des Africanus (Syncell. 322,17, 20. 450,10), an den also Augustinus wieder vorzugsweise gedacht haben wird. Ausserdem aber verstand er unter den *alii* gewiss auch seinen Vergilkommentator (s. Exkurs I), sowie Lactantius I, 13 und die dort genannten Schriftsteller, was ich daraus entnehme, dass auch das bei Augustinus sich anschliessende (p. 375,12—17) Citat aus Vergil. Aen. 8,321 sqq. dort gelesen wird.

P. 275,18 *Sed haec poëtica opinentur esse figmenta.* — Augustinus, nach varronischer Manier (s. oben).

P. 275,18 *et Pici* — 30 *detulerunt.* — Varro *de gente P. R.*, mit Ausnahme der Worte *Qualibet autem ex causa eum* (sc. Pici patrem) *Saturnum appellare voluerint,* welche von Augustinus mit Bezug auf Africanus, Lactantius u. s. w. gesagt sind. Cap. 16 und 17 (p. 276,1—p. 277,17) gehören durch ausdrückliches Citat (p. 276,31; 277,11 f.) dem Varro und zwar mit Rücksicht auf den Anfang des 16. Capitels den Büchern *de gente P. R.* (vergl. Cap. 13 p. 272,28). Nur die Worte p. 276,4 *usquequaque* — 5 *notissimo* ferner 5 *et magnitudine* — 7 *vulgatum est* halte ich für Eigentum des Augustinus.

Cap. 18 p. 277,21—280,22 enthält für uns nicht in Betracht kommende Erörterungen des Augustinus über das in den beiden vorhergehenden Capiteln Erzählte.

Cap. 19 p. 280,26 *Eo tempore* — 31 *fuit.* — Die Angabe, dass Äneas *cum viginti navibus, quibus portabantur reliquiae Troianorum* nach Italien gekommen sei, ist Reminiscenz aus Vergil. Aen. 1,381, doch hat Augustinus insofern eine Ungenauigkeit begangen, als Äneas nach des Dichters Angabe zwar mit 20 Schiffen von Troja abfuhr, aber nicht mit derselben Anzahl auch nach Italien gelangte. Für alles Übrige ist die Chronik des Hieronymus Quelle gewesen, vorausgesetzt dass Augustinus ebenso wie Vergilius die

Ankunft des Äneas in Italien noch in dem Jahr der Zerstörung Trojas geschehen liess. Damals (a. Abr. 835) regierten in der That die von Augustinus namhaftgemachten Könige und in Israel waltete des Richteramtes Labdon. Nur über die Regierungszeit des Königs Latinus fand sich in den *fila regnorum* des Hieronymus kein Vermerk, wir würden also die Worte *regnante ibi Latino* auf die Benutzung des Varro oder des Africanus zurückzuführen haben, wenn nicht die Erzählung von der Aufnahme des Äneas beim Könige Latinus auch ohnehin bei Augustinus als bekannt vorausgesetzt werden müsste. Was endlich den Namen des Sikyonierkönigs P o l y p h i d e s betrifft, so findet sich die nämliche Schreibweise in den Hieronymushandschriften P M, ähnlich P o l y p h y d e s A, P o l i p h i d e s R, die übrigen P o l y p e d e s oder P o l y p i d e s (so Schoene's Text).

P. 280,31 *Mortuo* — 281,3 *Hercules*. — Hieronymus a. Abr. 838—841; jedoch scheint bei Augustinus ein Versehen vorzuliegen, wenn er noch den Menestheus in Athen regieren lässt, während bei Hieronymus schon seit a. Abr. 836 Demophon König ist.

P. 281,3 *Sed Aeneam* — 6 *in deos*. — Es handelt sich um die Einrichtung von Culten zu Ehren verdienter Verstorbener, nämlich des Äneas als Juppiter Indiges*) und des sabinischen Sancus oder Sanctus. Man wird deshalb die Notiz den Büchern *de gente P. R.* zuweisen dürfen, obschon es wahrscheinlich ist, dass Varro auch in den *Divinarum libri* wenigstens von Sancus gesprochen habe (Merkel a. a. O. CCIX sq.). Die Güte der Quelle ist auch daraus ersichtlich, dass die beiden Namensformen S a n c u s und S a n c t u s inschriftlich nachgewiesen sind.

P. 281,6 *Per idem tempus* — 13 *provocando*. — Justin. 2, 6, 16—21, der aber die Feinde der Athener D o r i e n s e s nennt: die Bezeichnung P e l o p o n n e n s e s hat Augustinus von Hieronymus a. Abr. 947, 948. Die chronologische Anknüpfung *per idem tempus* bezieht sich nicht auf die unmittelbar vorher behandelte Regierung des Äneas, sondern ganz allgemein auf die der Eroberung von Troja folgende Zeit . (s. den Anfang des Capitels).

P. 281,14—15 *Unte ait Vergilius: „Et iurgia Codri."* — Der wunderliche Einfall Augustins, den Ecl. 5,11 genannten Codrus mit dem gleichnamigen athenischen Könige zu identificieren, stammt aus dem von ihm benutzten Vergilkommentar (s. Exkurs I).

P. 281,15—16 *Et hunc Athenienses tamquam deum sacrificiorum honore coluerunt*. — Die Einrichtung eines Cultes zu Ehren des gefallenen Codrus wird nur noch von einem einzigen Schriftsteller überliefert, nämlich Polyaen. Strateg. I, 18

---

*) Vergl. C J L I. p. 283: *Aeneas . . . . . . cum proelio facto non conparuisset, dictus est indigens et in deorum numero relatus*.

Ἀθηναῖοι νικήσαντες Κόδρῳ τιμὰς ἀνεστήσαντο*) τῶν ἡρώων,
ὅτιπερ τοὺς πολεμίους ἑκουσίῳ θανάτῳ κατεστρατήγησεν.
Neuerdings haben diese Angaben eine gewichtige Bestätigung
gefunden durch folgende am Fusse der Akropolis in Athen
aufgefundene Inschrift:**)
   Κόδρου τοῦτι πέσημα Μελανθείδα[ο] ἄνακτος,
      ξεῖνε, τὸ καὶ μεγάλην Ἀ[σ]ίδα τειχίσαι[ο],
   σῶμα δ᾽ ὑπ᾽ ἀκροπόληϊ φέρων τάρχυσεν [Ἀθήνης]
      λαὸς ἐς ἀθανάτους δόξαν ἀειράμε[νος].
Die Inschrift gehört zwar wahrscheinlich erst dem 2. Jahrh.
n. Chr. oder vielleicht einer noch späteren Zeit an, beweist
aber soviel, dass in Athen und zwar am Fusse der Akropolis
sich einst ein Heroon des Codrus befand.***) Wenn Augustinus
von göttlicher Verehrung spricht, so ist das eine Ungenauigkeit, die auch sonst in solchen Dingen bei den alten
Autoren begegnet und der Vortrefflichkeit der benutzten
Quelle keinen Abbruch thut. Dass diese nun Varro's Schrift
de gente P. R. gewesen sei, wird man bei dem Werte, welcher
in derselben auf die Verzeichnung derartiger Culte gelegt
war, nicht unwahrscheinlich finden. Varro seinerseits dürfte
die seltene Notiz wohl wieder von dem schon oben bei ihm
als Gewährsmann angenommenen Periegeten Polemo überkommen
haben (s. Exkurs II).

P. 281.16 *Quarto* — 22 *consumptum est*. — Hauptquelle ist Hieronymus
a. Abr. 889, 845 (p. 55 f), 851 (p. 55 h), 875 (p. 57 a),
877 (p. 57 c). Daneben ist vielleicht auch Verg. Aen. 6,
763 ff. benutzt. Abweichend von Hieronymus nennt Augustinus
den Silvius den vierten, nicht den dritten Latinerkönig,
weil er nicht mit Hieronymus den Äneas, sondern mit Varro
den Latinus als ersten Latinerkönig zählt (s. Cap. 16 p. 276,8
und unsere Bemerkung zu Cap. 15 p. 275,4). Weiter ist
noch zu bemerken, dass hinsichtlich des Athenerkönigs Melanthus
ein leichtes Versehen bei Augustinus vorliegt: die Herrschaft
desselben beginnt bei Hieronymus thatsächlich erst in dem
Jahre nach dem Ende des Sikyonierreiches. Ferner heisst
bei Hieronymus der 29. (oder nach seiner eigenen Zählung
der 28.) Assyrerkönig Thineus. nicht wie bei Augustinus

---

*) κατεστρατήγησατο verbesserte Wölfflin. Andere Vermutungen bei Lugebil
(an gleich zu nennender Stelle) p 546 ff.
**) Dieselbe ist zuerst veröffentlicht und besprochen von Kumanudi in der
Zeitschrift Παλιγγενεσία vom 5. August 1865, dann von A. Conze in Gerhards
Denkm. und Forsch. p. 183; C. Wachsmuth Rh. Mus. 1868 p. 21; K. Lugebil,
zur Gesch. der Staatsverf. von Athen 1871 p. 542.
***) Nach Lugebils Vermutung war die Platte mit der Inschrift an jenem
Heroon angebracht, darüber etwa ein Bild, welches den Opfertod des Codrus
darstellte. Kumanudi, Conze und Wachsmuth dagegen nahmen an, dass die
Inschrift ursprünglich im Ilissosthale gewesen sei und auf den Ort von Codrus
Tode (Pausan. I. 19) hingewiesen habe.

Oneus. Kettner a. a. O. p. 45 wollte diese Diskrepanz auf ungenaue Lesung griechischer Buchstaben *(ONEIOΣ* und *ΘINAIOΣ)* zurückführen, indessen weist der Synchronismus des genannten Königs mit dem Ende des Sikyonierreiches unabweislich auf die Benutzung des Hieronymus hin, und man wird daher bei Augustinus entweder Oneo in Thineo korrigieren oder annehmen müssen, dass bereits in dem von ihm benutzten Hieronymusexemplar sich die Korruptel vorfand. Endlich sind noch die Worte *non de Creusa, de qua fuit Ascanius* unterzubringen, die man als Reminiscenz aus Vergil ansehen mag, wenn man überhaupt die Angabe einer bestimmten Quelle verlangt.

P. 281,22 *quod (sc. regnum Sicioniorum) per annos nongentos quinquaginta et novem traditur fuisse porrectum.* — Hieronymus berechnet a. Abr. 889 die Dauer des Sikyonierreiches auf 962 Jahre und hat diese Zahl auch in das Castorexcerpt p. 57 e (a. Abr. 885) hineingepfuscht (Gelzer, Afr. II p. 64). In Wahrheit rechnete Castor vielmehr genau so wie Augustinus 959 Jahre. Da nun oben mehrfach die Benutzung des Castor durch Varro konstatiert ist, ferner Africanus in seiner Berechnung der Sikyonier ebensowenig wie Hieronymus mit Castor übereinstimmte, so wird Augustinus des letzteren Summierung in den Büchern *de gente P. R.* vorgefunden haben.

Cap. 20 p. 281,27 *Mox eisdem* — 29 *propheta Samuel.* — Hieronymus a. Abr. 901 (p. 57 h und i).

P. 281,29 *Ab illo* — p. 282,2 *cognomentum.* — Hieronymus a. Abr. 877 (p. 57 c).

P. 282,2 *sicut* — 3 *Augusto.* — Augustinus.

P. 282,3 *Reprobato* — 6 *quadraginta.* — Hieronymus a. Abr. 901, 941. Bibel.

P. 282,6 *Tunc Athenienses* — 8 *rei publicae.* — Hieronymus a. Abr. 948 (p. 61 f.). Justin. 2, 7, 1. 2.

P. 282,8 *Post David* — 11 *condidit.* — Hieronymus a. Abr. 981 und 985.

P. 282,11 *Cuius tempore* — 14 *coeperunt.* — Augustinus nennt C. D. III, 14 (p. 115,32) Alba Longa Königssitz des Ascanius und setzt des letzteren Herrschaft XVIII, 19 (p. 281,17 ff.) in die Zeit vor dem Priester Heli; ebendort bezeichnet er auch den Albanerkönig Aeneas Silvius, den Sohn des Äneas und der Lavinia, nach Hieronymus Vorgang als Latinerkönig und Cap. 20 (p. 281,30) sogar als Stammvater des Geschlechtes der albanischen Silvier. Völlig im Widerspruch damit wird nun an unserer Stelle die Gründung Albas erst in die Zeit des Salomo gesetzt und die Bemerkung hinzugefügt, dass seit der Gründung Albas die Bezeichnung *reges Albanorum* statt *reges Latinorum* üblich geworden sei. Hieronymus, aus dessen Chronik Augustinus seine Angabe über die Regierungsdauer des Salomo entnahm, erwähnt von alledem nichts, vielmehr setzt er die Gründung Albas bereits in die Zeit des Richters Samson. Dennoch ist es das Zunächstliegende, bei Hieronymus nach einer Erklärung der augustinischen Angaben zu suchen. Nun ist bei diesem die Gründung Carthago's durch Dido zum a. Abr. 974 angemerkt, andererseits fand dieselbe nach dem von Augustinus blindlings verehrten Dichter Vergilius unter den Augen des Äneas statt, ebendieser endlich berechnete die Zeit von der Ankunft des Äneas in Latium bis zur Gründung Albas auf 33 Jahre\*) (Äneas 3 + Ascanius 30); addiert man diese Zahlen, so erhält man als Gründungsjahr Albas das Abrahamsjahr 1007, welches nun allerdings durchaus der Regierung des Königs Salomo (a. Abr. 981—1020) bei Hieronymus angehört. Es ist demnach höchst wahrscheinlich, dass der räthselhafte Ansatz des Augustinus lediglich aus einer Combination der Angaben des Hieronymus und Vergilius hervorgegangen sei. Den übrigen Teil der Notiz aber, dass die Könige von Alba seit dessen Gründung nicht mehr *Latinorum, sed Albanorum reges* genannt seien, wird man dann ebenfalls als Eigentum des Kirchenvaters betrachten dürfen, welcher sich in der Fassung an die ähnliche Angabe Varros über den Wechsel der **laurentischen** und der **latinischen** Dynastie (Cap. 16 p. 276,8) anschloss.

P. 282,14 *Salomoni — coeperunt.* — Hieronymus a. Abr. 1021, 1023 (p. 65 a, b).

Cap. 21 p. 282,20 — 28 *Latium post Aeneam, quem deum fecerunt, undecim reges habuit, quorum nullus deus factus est.* — Wenn Augustinus hier wieder auf Aeneas zurückgreift, nachdem er im 19. und 20. Capitel den Hieronymus ausschreibend bereits von Aeneas Silvius, dem dritten Nachfolger des Aeneas, berichtet hatte, so ist das schon ein äusseres Anzeichen dafür, dass er einer andern Quelle zu folgen beginnt, und diese scheint, nach dem Inhalt der Notiz zu urteilen, wieder Varro's Schrift *de gente P. R.* gewesen zu sein. Denn einerseits hatten wir schon oben (Cap. 19 p. 281,3) die Notiz über die Apotheose des Aeneas auf jene Schrift zurückgeführt, andererseits zählt zwar Hieronymus zwischen Aeneas und Aventinus ebenso wie Augustinus 11 Könige und bemerkt von keinem derselben, dass er zum Gott erhoben sei, aber immerhin konnte Augustinus aus diesem Schweigen doch noch nicht den Anlass für seine Angabe entnehmen, keiner der Könige sei wirklich göttlicher Ehre teilhaftig geworden, da er derartige Mitteilungen wohl bei Varro, aber nicht bei Hieronymus zu finden erwarten

---

\*) Aen. 1, 265 ff., wobei noch zu bemerken ist, dass der Dichter den Äneas in dem Jahre der Zerstörung Trojas, also auch in dem seines Aufenthaltes in Carthago nach Latium kommen lässt.

durfte. Freilich steht der Annahme, dass Varro Quelle gewesen, noch insofern ein Hindernis entgegen, als von diesem nach Mommsens Darlegungen (Röm. Chron. 2. Aufl. p. 152 ff.) die gemeingültige albanische Königsliste nicht anerkannt sein soll, was doch nach der Notiz Augustins vorausgesetzt werden müsste. Indessen wird man die Hypothese Mommsens, dass vor dem letzten Drittel des siebenten Jahrhunderts der Republik die albanische Königstafel in der gemeingültigen Gestalt überhaupt nicht existiert habe, schwerlich in ihrem ganzen Umfange aufrecht erhalten dürfen. Wenn ich auch die Zeugnisse, aus welchen man neuerdings das frühere Vorhandensein der Liste hat erweisen wollen,\*) nicht als vollgültig ansehen kann, so setzt doch die Art und Weise, wie Varro — und das scheint mir durchschlagend zu sein — in seiner Schrift *de lingua Latina* zwei der albanischen Schattenkönige erwähnt, mit zwingender Notwendigkeit voraus, dass die Überlieferung über diese Könige nicht erst zu seiner Zeit entstanden sein kann.\*\*) Er würde sonst kaum den Ableitungen der Namen Tiberis und Aventinus von denjenigen der Albanerkönige Tiberinus und Aventinus mit den von ihm selbst gegebenen Etymologieen gleichen Rang eingeräumt haben. Endlich würde auch Livius, der doch gerade nicht zu den „loyalen Unterthanen des julischen Kaiserhauses" gerechnet werden kann, und der ausdrücklich die Identificierung des Ascanius mit Julus als Anmassung der Julia gens kennzeichnet (I, 3, 2), sich wohl nicht die

---

\*) Nach L. Holzapfel (Röm. Chron. 1885 p. 276) soll bereits der Annalist Cassius Hemina das Königsgeschlecht der Silvier erwähnt haben, jedoch ist die Angabe des Gellius (XVII, 21, 3), aus welcher dies gefolgert wird, nicht direkt aus dem Geschichtswerke des Cassius entnommen, sondern durch Varro oder Nepos übermittelt (Unger, Rh. Mus. 35, 13). Der Zusatz „Silviis Albae regnantibus" kann daher, wie schon E. Rohde bemerkte (Rh. Mus. 36, 423) von einem dieser beiden herrühren. Wenn H. ferner mit Berufung auf Hieronymus a. Abr. 1104 die Kenntnis der Albanerliste bei Apollodorus voraussetzt, so ist dagegen zu bemerken, dass nach Mommsen (Chronograph p. 680, 690) die Quelle aus welcher jene Notiz stammt, einen derartigen Schluss nicht gestattet (vergl. auch E. Rohde, Rh. Mus. 36, 534). Will man aber etwas auf dieselbe geben, so kann man höchstens wieder den Cornelius Nepos dafür verantwortlich machen (Unger, Rh. Mus. 36, 18). Endlich gar dem Fabius Pictor mit Rücksicht auf Plut. Rom. C. 3 eine $\delta\iota\alpha\delta o\chi\dot{\eta}$ $\tau\tilde{\omega}\nu$ $\dot{\alpha}\pi'$ $A\dot{\iota}\nu\varepsilon\dot{\iota}ov$ $\gamma\varepsilon\gamma ov\dot{o}\tau\omega\nu$ $\dot{\varepsilon}\nu$ $"A\lambda\beta\eta$ $\beta\alpha\sigma\iota\lambda\dot{\varepsilon}\omega\nu$ vindicieren zu wollen, scheint doch sehr bedenklich: Plutarch hat nachweislich in den Capiteln 3—8 ausser Fabius noch andere Quellen benutzt (H. Peter, Quellen Plut. p. 150), und man hätte deshalb die Worte $\tau\tilde{\omega}\nu$ $\dot{\alpha}\pi'$ $A\dot{\iota}\nu\varepsilon\dot{\iota}ov$ — $\kappa\alpha\vartheta\tilde{\eta}\kappa\varepsilon\nu$ schon längst aus den Fragmenten des Fabius entfernen sollen, wie man denn auch in dem Parallelbericht des Dionysius Hal. (I, 79) vergebens nach einer entsprechenden Angabe sucht.

\*\*) Varro L. L. V, 40: *sunt qui Tiberim priscum nomen Latinum Albulam vocitatum literis tradiderunt, posterius propter Tiberinum regem Latinorum mutatum quod interierit, nam hoc eius ut tradunt sepulcrum.* V, 43: *Aventinum . . . . . alii ab rege Aventino Albano, quod ibi sit sepultus . . . . Ego maxume puto, quod ab advecta.*

Gelegenheit haben entgehen lassen, die Genesis der langen Ahnenreihe des regierenden Hauses wenigstens anzudeuten. Da nun Ennius die albanische Liste noch nicht gekannt hat (Mommsen, R. Chron. p. 152), andererseits sich schon bei Alexander Polyhistor (um 673 d. Stadt) Spuren derselben finden (Servius Aen. VIII, 330), so wird man ihre Entstehung in das vorletzte Jahrhundert der Republik zu setzen haben. Wer erinnert sich dabei nicht der Thatsache, dass ums J. 123 v. Chr. die Stadtchronik der *annales maximi* durch den Pontifex P. Mucius Scaevola ihre, wenn auch vielleicht nicht endgültig abschliessende, doch sicherlich vornehmste Redaktion erhalten hat? Wenn wir nun sehen, dass in dieser officiellen Chronik sogar das Jahr der Gründung Roms berechnet war (Dionys. Hal. I. 74), wenn uns ferner versichert wird, was auch die bisherigen Untersuchungen durchaus nur bestätigt haben,*) dass alle römische Geschichtsschreibung von der Stadtchronik des Pontifex maximus ausgegangen sei, wenn endlich Cicero berichtet, dass in derselben *omnes res ab initio rerum Romanarum*\*\*) behandelt waren, sollte es da nicht gestattet sein, diesen Ausdruck ähnlich wie die *sacra principia populi Romani* (Orell. 2275, Mommsen, Chron. p. 153) auf die Gründung Laviniums zu beziehen und die Abfassung der albanischen Königstafel auf die Rechnung des Redakters der *annales maximi* zu setzen? Durch die Annahme einer derartigen officiellen Redaktion, welche sich durch analoge Fälle des griechischen Altertums empfiehlt, erklärt sich aufs beste die rasche und gleichmässige Verbreitung der Liste. Auch wird man es nicht auffallend finden, griechische und speciell phrygisch-lydische Namen in der Reihe der Könige zu treffen, denn soweit die römische Überlieferung reicht, „erscheinen die albanische und die troische Ursprungssage bereits mit einander verschmolzen." Äneas sollte Trojaner und Aboriginer zum gemeinsamen Volke der Latiner vereinigt haben: mit dieser Thatsache rechnete der Redaktor der Königstafel, bei dem wir doch immerhin einen gewissen Grad von Bildung voraussetzen müssen, und mischte demnach einheimische und griechische Namen untereinander. Die Zahl der Königsnamen und der beigegebenen Jahre scheint aus reiner Spielerei hervorgegangen zu sein. Den Ausgangspunkt bildete wohl die schon bei Fabius (frg. 4 Peter, Euseb. Chron. 1 p. 285 Sch.) sich findende Angabe, dass zwischen der Ankunft des Äneas und der Gründung Albas 30 Jahre verflossen seien. Aus dieser Zahl, welche sich im Anschluss an die Sage von der Sau und den 30 Ferkeln und entsprechend

---

*) Dionys. Hal. I. 73; H. Nissen, Kritische Untersuchungen p. 86 ff.
\*\*) Cic. de orat. II, 12.

der Anzahl der latinischen Bundesstädte fixiert hatte, gewann der Redaktor durch Multiplikation mit 10 die Jahressumme 300 für die Dauer der Herrschaft der Silvier und durch Division mit 10 die Jahreszahl 3 für die Regierungszeit des Äneas. Da nun somit die Gesamtdauer der Silvierdynastie die Gesamtdauer der römischen Königsherrschaft (240 Jahre) überstieg, so musste dementsprechend auch die Zahl der albanischen Regenten grösser sein als die der römischen. Auch dabei verfuhr der Redaktor wieder schematisierend: während die heilige Siebenzahl die Reihe der römischen Könige umschloss, wurde die Zahl der albanischen Könige auf das Doppelte (2×7) gebracht, ausschliesslich Äneas und Askanius, welche als latinische oder lavinische Könige gelten.[1]) Am genauesten findet sich dieser Zahlenschematismus, der auf die griechische Sagenchronologie keine Rücksicht nahm, samt den herkömmlichen Regentennamen und den sie begleitenden chronikalischen Bemerkungen bei Livius (I, 2 ff., 29), dem getreuesten Reproducenten der Stadtchronik,[2]) ferner bei Vergil (Aen. I, 263 ff.) und Justin (43. 1, 43), endlich aus ungewisser Quelle bei Jordanes (Romana 51) wieder. Alle andern Recensionen der Liste voran diejenige des Castor, sind durch die griechischen Synchronismen, besonders durch die Ansetzung der trojanischen Epoche, beeinflusst worden und haben danach zwar nicht die Namen und die Anzahl Könige, wohl aber die Dauer der Regierungen, die übrigens in der Stadtchronik nur nach der Gesamtsumme verzeichnet gewesen zu sein scheint, geändert. Es würde auffallend sein, wenn Varro, dem wir nach dem vorhin Bemerkten natürlich die albanische Königstafel nicht mehr absprechen wollen, in seiner Schrift *de gente P. R.*, in welcher er ja „die römische Zeitrechnung in den universalhistorischen Synchronismus einreihen wollte" und dabei gerade den Castor als Gewährsmann benutzte, in dieser Hinsicht eine Ausnahme gemacht hätte. Nun soll er nach Lydus (de magistr. I. 1) die Zeit von der Ankunft des Äneas bis zur Gründung Roms auf 439 Jahre berechnet haben, und ich sehe allerdings jetzt keinen triftigen Grund mehr, diese Angabe, nach welcher er die Zerstörung Trojas spätestens 1192 v. Chr.[3]) (753+439) gesetzt haben müsste, noch in Zweifel zu ziehen.[4])

P. 282,21 *Aventinus autem* — 28 *dictum Aventinum*. — Die ganze Notiz stammt aus dem von Augustinus benutzten Vergilkommentar

---

[1]) Mommsen, Chronograph p. 645.
[2]) Nissen, Kritische Untersuchungen p. 88.
[3]) Dieser Ansatz würde sich sogar noch besonders empfehlen, wenn Trojas Epoche auf 1193 v. Chr. für Castor gesichert wäre, indessen vergl. jetzt Unger, Abh. der bayer. Akad. XVII. 3. Abt p. 571.
[4]) Unger (Rh. Mus. 35, p. 35 ff.) hat freilich zu erweisen gesucht, dass Varro eine doppelte Gründung Roms, eine ältere troische und eine jüngere albanische, angenommen und die erstere in das J. 1167 v. Chr. gesetzt habe. U. beruft sich

(s. Exkurs I), mit Ausnahme der Worte *talium quales sibi faciebant*, welche schon Kettner für Eigentum des Kirchenvaters erklärt hat.

P. 282,28 *Post hunc* — 29 *Rom ae*. — Über die Apotheose des Romulus wird Varro selbstverständlich auch in den Büchern *de gente P. R.*, natürlich in seiner Weise, gehandelt haben (vergl. Merkel, Proleg. CCXXXV). Daher mag man immerhin die Notiz auf jene Schrift zurückführen, obschon dieselbe ja aus der Gesamtbildung Augustins völlig ihre Erklärung findet.

dafür Gellius I, 16, 3 *Varro in septimo decimo rerum humanarum: ad Romuli initium plus mille centum annorum est.* Jedoch hat schon Mommsen, (Röm. Chronol. p. 147 A. 279) bemerkt, dass zu diesen Worten *inde a Deucalionis diluvio* zu ergänzen sei (vergl. auch oben p. 23 f.). Wäre die Zeit von Romulus bis zur Abfassung der *Humanarum libri* gemeint, so würde Varro geschrieben haben: *a Romuli initio p. m. e. c. a. e.* Auch mit Ungers Erklärung von Varro R. R. III, 1, 2 kann ich mich nicht einverstanden erklären. Varro spricht von dem Alter des Landlebens und des Stadtlebens: *antiquior enim multo rustica (sc. vita), quod fuit tempus, cum rura colerent homines neque urbem haberent. etenim vetustissimum oppidum cum sit traditum graecum Boeotiae Thebae, quod rex Ogygos* (so sämtliche Handschriften Keils, *Ogygus* Festus p. 178,10 und Augustin. C. D. 18, 8, weshalb also mit Politianus *Ogyges* schreiben wollen?) *aedificarit, in agro Romano Roma, quam Romulus rex,* (hier schiebt man ohne Not *nam* ein) *in hoc nunc denique est, ut dici possit, non cum Ennius scripsit, „septingenti sunt paulo plus aut minus anni, augusto augurio postquam inclita condita Roma est:" Thebae, quae ante cataclysmon Ogygi conditae dicuntur, eae tamen circiter duo milia annorum et centum sunt.* „Denn bei weitem älter ist das Landleben, weil es eine Zeit gab, wo die Menschen das Land bebauten und noch keine Stadt hatten. Während nämlich als älteste griechische Stadt das böotische Theben genannt wird, welches der König Ogyges, und auf dem römischen Gebiete Rom, welches der König Romulus erbaut hat, ist es jetzt endlich soweit, dass gesagt werden kann, nicht damals, als Ennius schrieb: Siebenhundert Jahre sind es mehr oder weniger, seit unter ehrwürdigem Wahrzeichen das hochberühmte Rom gegründet wurde; u. s. w." Schwierigkeit für das Verständnis bereiten nur die Worte *non cum Ennius scripsit,* die sprachlich so zu erklären sind, dass nach *non* aus dem Vorhergehenden *in hoc fuit* zu ergänzen ist. Varro will also sagen, dass die älteste Stadt auf griechischem Boden Theben, auf römischem Rom sei, und wie er für Theben die Zeit der Gründung genauer nach Jahren berechnet, so auch für Rom, indem er bemerkt, dass jetzt erst das Wort des Ennius mit Recht angewandt werden könne, wonach von der Gründung der Stadt ungefähr 700 Jahre verflossen seien. Diese Angabe stimmt allerdings fast ganz genau zu der varronischen Stadtära, wenn man von $700/54$, dem Jahr des fingierten Dialogs des dritten Buches *Rerum rust.* rückwärts rechnet. Da die Bücher über den Landbau $717/37$ verfasst sind, die von Varro acceptierte Berechnung der Stadtgründung durch Tarutius und Atticus aber bereits um $708/46$ angestellt ist, so wird man diese natürlich an unserer Stelle vorauszusetzen haben. Dazu passt auch die fasst triumphierende Art, mit welcher er die Entdeckung des Tarutius dem Ansatz des Ennius gegenüberstellt. Hielt demnach Varro das im J. 753 v. Chr. gegründete Rom für die älteste städtische Anlage auf römischem Gebiete, so ist damit eine frühere troische Gründung Roms ausgeschlossen.

P. 282,29 *Inter* — p. 283,3 *gentis.* — Das Vergilcitat stammt aus Aen. 6, 767. Alles Übrige passt auf jede Quelle, in welcher sich die gemeingültige albanische Königsliste fand, also Varro, Hieronymus oder wer sonst.

P. 283,4 *Cuius tempore* — 6 *accepit.* — Mit dieser Angabe sind noch mehrere ähnlichen Inhaltes zu kombinieren, zunächst aus dem XVIII. Buche Cap. 2 p. 257,8—16, p. 258,20—27, Cap. 22 p. 284,4—23, Cap. 27 p. 292,4—19; ferner aus dem IV. Buche Cap. 6 p. 153,8—12, endlich aus dem XVI. Buche Cap. 17 p. 154,30—p. 155,2. An allen diesen Stellen wird das assyrische Weltreich mit dem römischen verglichen und zwar 1. in Bezug auf die Grösse und Bedeutung, 2. in Bezug auf die Lage (Orient, Occident), 3. in Bezug auf die Hauptstädte: Babylon heisst *quasi prima Roma* und Rom *quasi secunda Babyloni* (XVIII, 2 p. 258,22. 26), 4. in Bezug auf die Zeit: das Ende des assyrischen Reiches fällt zusammen mit dem Anfang des römischen, insofern als in der Chronik des Hieronymus das assyrische Reich im a. Abr. 1197 endigt und die Herrschaft des Latinerkönigs Procas, *cuius tempore iam quodam modo Roma parturiebatur* (XVIII, 21 p. 283,4), im a. Abr. 1198 beginnt. Gerade deswegen aber weil die Vergleichung der beiden Weltreiche, wenigstens teilweise, auf den Zahlen der eusebianischen Canones basiert ist, möchte ich glauben, dass sie in dem Kopfe des Augustinus entstanden ist. Freilich steht dem eins entgegen. Orosius nämlich zieht in den drei ersten Capiteln des II. Buches (vergl. VII, 2) seines Geschichtswerkes eine ganz ähnliche Parallele zwischen den beiden Weltreichen, nur ist sie bedeutend weiter geführt als bei Augustinus. Übereinstimmend mit diesem aber hat er die auffallende Bemerkung über das Zusammenfallen des Endes der assyrischen Weltherrschaft und des Anfanges der römischen, die auch in ihrer ganzen Fassung sehr an Augustinus erinnert: II, 2, 9 *Babylon itaque eo anno sub Arbato praefecto dehonorata, quo Roma sub Proca rege, ut proprie dixerim, seminata est*: II, 2, 5 *ita regnante Proca futurae Romae sementis iacta est, etsi nondum germen apparet, eodem anno regni ipsius Procae Babylonis regnum defecit, etsi adhuc Babylon ipsa consistit.* Es ist kaum denkbar, dass Augustinus und Orosius unabhängig von einander diese übereinstimmende Bemerkung gemacht haben sollten, zumal dieselbe die Benutzung der Chronik des Hieronymus voraussetzt. Freilich findet sich bei Orosius eine Erklärung für die Genesis derselben II, 2, 4 *omnes historiae antiquae a Nino incipiunt, omnes historiae Romanae a Proca exoriuntur,* aber das ist natürlich Schwindel oder mindestens Übertreibung. Man könnte die Konkordanz aus der Benutzung einer gemeinsamen Quelle erklären, indessen entspricht dasjenige, was Orosius zur Erweiterung und Ergänzung der Parallele bietet, zum teil recht sehr seiner eigenen lüderlichen Arbeitsweise, so wenn er zu dem assyrischen und römischen Weltreiche noch das macedonische und das afrikanische (Carthago ist gemeint!) hinzufügt, damit nicht bloss Osten und Westen, sondern auch Norden und Süden (*quattuor mundi cardines*) vertreten sind. Andererseits stimmen die im Verlauf der Parallele bei Orosius vorkommenden chronologischen Notizen zwar alle mit seinen eigenen Berechnungen, sind aber nur teilweise aus der Chronik des Hieronymus entnommen, was auch wieder ganz zu dem passt, was wir sonst von der Quellenbenutzung des Orosius wissen (s. Zangemeister, Praef. XXIIII ff.). Da nun das XVIII. Buch der Schrift *de civitate dei* zu spät abgefasst ist, um noch von Orosius benutzt sein zu können, so weiss ich nicht, ob die Anklänge an Augustinus bei Orosius nicht auf **mündlich** empfangene Belehrung zurückzuführen sind. **Videant doctiores!**

P. 283,6 *Ad Medos* — 9 *computentur*. — Hieronymus a. Abr. 1197. Über die 65jährige Regierungszeit des Belus s. oben p. 9 f. und namentlich Exkurs III. Die Worte *et illic porro contentus imperio primus rex fuit* erkläre ich aus Justin I, 1, 3 *intra suam cuique patriam regna finiebantur*.

P. 283,9 *Procus* — 10 *Amulium*. — Vergl. zu p. 282,29.

P. 283,10—24 ist sicherlich gröstenteils aus verwandter Quelle mit Jordanes, Romana Cap. 51 geschöpft:

| Augustinus. | Jordanes. |
|---|---|
| Porro Amulius fratris sui Numitoris filiam Rheam nomine, quae etiam Ilia vocabatur, Romuli matrem, Vestalem virginem fecerat, quam volunt de Marte geminos concepisse, isto modo stuprum eius honorantes vel excusantes, et adhibentes argumentum, quod infantes expositos lupa nutriverit. Hoc enim genus bestiae ad Martem existimant pertinere, ut videlicet ideo lupa credatur admovisse ubera parvulis, quia filios domini sui Martis agnovit; | Amulius rex Numitoris fratris sui filiam Ream nomine, que et Ilia vocabatur, Vestalem virginem fecerat. quae gravida inventa dum scelus suum nititur excusare, a Marte se compressam mentita est. |
| quamvis non desint qui dicant, cum expositi vagientes iacerent, a nescio qua primum meretrice fuisse collectos et primas eius suxisse mamillas (meretrices autem lupas vocabant, unde etiam nunc turpia loca earum lupanaria nuncupantur), et eos postea ad Faustulum pervenisse pastorem atque ab eius Acca uxore nutritos. | ex qua genitis duobus geminis rex exponi praecepit. quos vagientes meretrix quaedam Lupa nomine cum audisset, statim tollens ad Faustulum pastorem adduxit. quos Acca uxor eius nutriens inter alios pastores conservari aedocuit. |

Was sich bei Augustinus nicht mit dem Berichte des Jordanes deckt, hat er aus seinem Vergilkommentar (s. Exkurs I). Hinsichtlich der Notiz des Jordanes hat Mommsen (Prooemium seiner Ausgabe p. XXVIII) erwiesen, dass dieselbe ebenso wie ein paar gleichartige (Cap. 38 und Cap. 52) aus einer unbekannten Schrift *de origine urbis Romae* herrühre, ferner hat er die begründete Vermutung daran geknüpft, dass diese Schrift aus Vergilkommentaren zusammengeschmiedet sei. Damit ist auch über die Quelle derjenigen Angaben des Augustinus entschieden, welche mit Jordanes harmonieren: es war natürlich ebenfalls sein Vergilkommentar (s. auch Exkurs I).

P. 283,24 *Quamquam* — 28 *mirum est?* — Augustinus.

P. 283,28 *Amulio* — 31 *regnavit.* — Vergilkommentar (s. Exkurs I).

Cap. 22 p. 284,4 *Ne multis* — 23 *invenit.* — S. die Bemerkungen zu Cap. 21 (p. 283,4—7). Im einzelnen ist noch hinzuzufügen, dass Z. 11 *Nam quando* — 15 *vel magnae* auf Justin. 1, 1, 5 beruhen, mit Ausnahme der Worte *totam paene Asiam*, die ebenso wie Z. 18 *Asiam totam excepta India* aus der Chronik des Hieronymus p. 11a abgeleitet sind. Die Berechnung der Zeit von der Sündflut bis Ninus auf *anni non multo amplius quam mille* (Z. 17) lässt sich genauer anstellen auf Grund von XVI Cap. 10 (p. 140,26): *Fiunt itaque anni a diluvio usque ad Abraham mille septuaginta et duo secundum vulgatam editionem, hoc est interpretum septuaginta* — also bis zum 1. Jahre des Ninus 1030 Jahre.

P. 284,23 *Tempore* — 28 *sexaginta duo.* — Die sämtlichen Berechnungen stammen aus der Chronik des Hieronymus, aber Augustinus hat vergessen, dass er im vorhergehenden Capitel (p. 283,29 f.) die Gründung Roms in das erste Jahr des Romulus setzte. Hätte er diesen Ansatz noch im Sinne gehabt, so würde er von der Besitznahme Canaans durch das Volk Israel nicht 718, sondern 720 oder (mit Ausschliessung des terminus ad quem) 719 Jahre gerechnet haben. Nun hat er sich hier aber auch hinsichtlich des Gründungsdatums von Rom eng an Hieronymus angeschlossen, und zwar kann bezweifelt werden, ob er an das Abrahamsjahr 1263 oder 1264 [*]) gedacht habe, da auch hier wieder unentschieden bleiben muss, ob er den terminus ad quem mitgerechnet habe oder nicht: die Alten sind ja in dieser Beziehung oft ungenau, auch ist die ungenaue Rechnungsweise bei den Einzelposten Augustins in der That nachweisbar. Richtig rechnet er zunächst

---

[*]) a. Abr. 1263 *nonnulli Romanorum scriptores Romam conditam ferunt.* 1264 *Roma Parilibus qui nunc dies festus est condita.* Übrigens hat ein Teil der Handschriften (APMR) beide Lemmata zum J. 1262; damit stimmt Orosius II, 2, 5: *a primo anno Procae . . . . . . usque ad conditionem Urbis . . . . anni LXIIII.*

27 Jahre für die Zeit des Jesu Nave (545+27=572), dagegen ist die Dauer der Richterzeit um 1 Jahr zu hoch bestimmt (572+329=901): das Jahr 901 ist schon das 1. Jahr der Königszeit, mithin ist hier der terminus ad quem mitgezählt. Dieser Fehler hat dann weiter im Gefolge, dass die Dauer der jüdischen Königsherrschaft bis zur Gründung Roms auf nur 362 Jahre, also 1 Jahr zu niedrig berechnet wird (901+362=1363 statt 900+363=1363).

P. 284,28 *Et rex* — 33 *Osee*. — Hieronymus a. Abr. 1263, ausgenommen *ed sicut* — *Ezechias*, was wir schon oben (p. 7) auf Africanus zurückgeführt haben. Die Worte *quem quidem* — *piissimum* sind biblische Reminiscenz.

Cap. 23 p. 285,4 *Eodem tempore* — 5 *ferunt*. — Hieronymus a. Abr. 1274. Übrigens bringt dieselbe Notiz Africanus unter der Regierung des Ezechias (Gelzer, Africanus I. 173), daher erklärt sich bei Augustinus die Berufung auf *nonnulli*.

P. 285,5 *Sibyllas* — 6 *unam*. — Aus Varro's *Antiquitates Rerum Divinarum* (vergl. Lactantius I, 6) und zwar nach Merkel a. a. O. p. CXVII aus dem vierten Buche derselben.

P. 285,6 *Haec sane* — 287.16 *civitatem Dei*. — Augustinus. Oracul. Sibyll. VIII. 217 ff. Wer unter den *quidam* (p. 287,10), welche die kumäische Sibylle und nicht die erythräische für die Verfasserin der umgehenden sibyllinischen Sprüche hielten, zu verstehen sei, weiss ich nicht.

P. 287,16 *Inserit etiam Lactantius* — p. 288,6 *curavimus*. — Lactantius IV. 17 ff.

P. 288,7—8 *Nonnulli sane Erythraeam Sibyllam non Romuli, sed belli Troiani tempore fuisse scripserunt*. — Varro's *Divinarum libri* bei Lactantius (I. 6): *quintam Erythraeam, quam Apollodorus Erythraeus affirmat suam fuisse civem, eamque Grajis, Ilium petentibus, vaticinatum* etc.

Cap. 24 p. 288.14 *Eodem Romulo regnante Thales Milesius fuisse perhibetur*. — Hieronymus a. Abr. 1269 (p. 81 o).

P. 288,15 *unus e septem* — 17 *Latine sapientes*. — Grösstenteils aus Lactantius I, 5, vergl. zu Cap. 14 (p. 274,3—15) und namentlich *Sed hactenus de poëtis; ad philosophos veniamus . . . . Thales Milesius, qui unus e septem sapientum numero fuit* etc. Die Bemerkung (*qui*) σοφοὶ *appellati sunt, quod est Latine sapientes* stammt wohl aus den auch sonst in der Schrift *de civitate dei* benutzten Tusculanen Cicero's, V. 3 *Itaque et illos septem, qui a Graecis* σοφοὶ, *sapientes a nostris et habebantur et nominabantur* etc.

P. 288,17 *Per idem* — 20 *ductae sunt*. — Hieronymus a. Abr. 1270—1271.

P. 288,20 *remanentibus* — 22 *Hierusalem*. — Zuthat aus der Bibel.

P. 288,22 *Mortuum* — 24 *rettulere Romam*. — Hieronymus a. Abr. 1300 (p. 83 o).

P. 288,24 *quod usque* — 29 *hos honores*. — Cicero de republ. II. 10 (vergl. Augustin. C. D. XXII. 6). Die bei Dombart in

Klammern gesetzte Bemerkung 25 *nec postea* — 26 *Caesarum* erklärt sich aus Benutzung des Vergilkommentars (s. Exkurs I).

P. 288,29 *quamvis* — 30 *loquacitas*. — Augustinus (von ihm mit Rücksicht auf den Anfang des Capitels bemerkt).

P. 289,1 *Sed etiamsi* — 3 *destiterunt*. — Augustinus.

P. 289,3 *quin etiam* — 5 *inlecebram*. — Varro's *Curio de cultu deorum* (Krahner, Varr. Cur. p. 10 unter Vergleichung von Augustin. C. D. IV, 31 p. 186,21—29; Kettner a. a. O. p. 57); doch vom Standpunkte Augustins gefärbt.

P. 289,5 *id efficientibus* — 9 *agerentur*. — Augustinus.

P. 289,9 *Regnavit* — 14 *non posset*. — Die Quelle habe ich nicht finden können.

P. 289,14 *Hoc regnante* — 17 *ferunt*. — Hieronymus a. Abr. 1305 (p. 85 a). Die Worte *a quo impio* — *occisus* sind biblische Reminiscenz.

Cap. 25 p. 289,22 *Regnante* — 25 *constructo*. — Hieronymus a. Abr. 1426—1427.

P. 289,26 *Increpantes* — 28 *annorum*. — Bibel. Augustinus.

P. 289,28 *Eo tempore* — 30 *perhibetur*. — Hieronymus a. Abr. 1410 (p. 91 m). Die chronologische Anknüpfung *eo tempore* bezieht sich auf die Zeit des Tarquinius Priscus (s. oben Z. 23).

P. 289,30 *Et quinque ceteros* — 33 *tenebatur*. — Hieronymus a. Abr. 1438 (p. 95 f). Vergl. oben zu Cap. 24 (288,14) und unsere Bemerkungen p. 6.

P. 289,33 *Ili sunt* — p. 290,2 *Prienaeus*. — Die Quelle habe ich nicht auffinden können. Doch hat auch Varro nach Gellius III, 10, 16 über die sieben Weisen gehandelt.

P. 290,3 *Omnes hi* — 4 *claruerunt*. — Lactantius I, 5 (vergl. oben zu Cap. 24 p. 288,15).

P. 290,4 *quia genere* — 6 *complexi sunt*. — Dieselbe Bemerkung findet sich ähnlich VIII, 2 (p. 322,5—7): dort müsste auch im Zusammenhange mit dem Übrigen nach der Quelle gesucht werden.

P. 290,6 *Nihil autem* — 9 *perhibetur*. — Cf. Cicero ep. ad Brut. I, 15, 3.

P. 290,9 *Thales vero physicus fuit*. — Man braucht nicht an eine bestimmte Quelle zu denken, vergl. jedoch Hieronymus a. Abr. 1269 (p. 81 o).

P. 290,9—10 *et suorum dogmatum libros reliquit*. — Cf. VIII, 2 (p. 322,8 f.): *Thales . . . . suas disputationes litteris mandans*.

P. 290,10 *Eo captivitatis* — 12 *Pythagoras*. — Hieronymus a. Abr. 1443 (p. 95 i), 1460 (p. 97 b), 1483 (p. 99 f), 1490 (p. 99 n).

P. 290,10 *ex quo coeperunt appellari philosophi*. — Cf. VIII, 2 (p 321,32 ff).

Cap. 26 p. 290,17 *Per idem* — 23 *usque ad Darium*. — Hieronymus a. Abr. 1456—1457 (p. 95 q), mit Ausnahme der Worte (Z. 17 f.) *qui etiam Chaldaeis et Assyriis imperabat*.

P. 290,23—25 *Per idem tempus etiam illa sunt gesta, quae conscripta sunt in libro Judith*. — *Per idem tempus* bezieht sich auf die Zeit der babylonischen Gefangenschaft. Augustinus hat diesen

Ansatz aus Hieronymus, welcher zum 61. Jahre des Exils (a. Abr. 1487) anmerkt: *Cambysen aiunt ab Hebraeis secundum Nabuchodonosor vocari sub quo Judith historia contexitur*. Dagegen ersieht man, dass im übrigen das Lemma des Hieronymus dem Augustinus nicht als Quelle gedient haben kann. Da nun nach den Ausführungen Gelzers (Afr. I. 109 f.) die Notiz des Hieronymus aus der Chronik des Africanus stammt, so wird aus dieser auch wohl Augustinus seine Angabe entnommen haben, wobei jedoch nicht zu vergessen ist, dass nach Africanus die babylonische Gefängenschaft bereits im ersten Jahr des Kyros endigte.

P. 290,25—26 *quem tamen in canonem scripturarum Judaei non recepisse dicuntur*. — Diese Bemerkung ist durchaus als Eigentum des Augustinus anzusehen. Denn bekanntlich wurden unter seinem Vorsitze die Synoden zu Hippo (393) und Carthago (397) abgehalten, auf welchen der Kanon der biblischen Bücher neu festgestellt und auch die Apokryphen (also auch das Buch Judith) in denselben aufgenommen wurden.

P. 290,26 *Sub Dario* — 29 *Tarquinio*. — Hieronymus a. Abr. 1496—1497 (vergl. 1470), mit Ausnahme der Worte *quos Hieremias propheta praedixerat*, welche Zuthat des Augustinus sind.

P. 290,29 *Quo expulso* — 31 *coeperunt*. — Augustinus mit Benutzung von Hieronymus a. Abr. 1507 (p. 101 d).

P. 290,31 *Usque ad ho.* — 291,4 *faciendum*. — Augustinus.

Cap. 27 p. 291,10 *Tempora* — 25 *invenitur*. — Die Zeit der Propheten Osee, Amos, Esaias und Michaeas wird aus ihren eigenen Schriften festgestellt.

P. 291,26 *His adiungitur* — 29 *tacent*. — Der Prophet Jonas wird in die Zeit des Königs Ozias gesetzt und Joel in diejenige des Königs Joatham. Für diese Ansätze beruft sich Augustinus auf „chronica" als Quelle, indem er bemerkt, dass er die Zeit der beiden Propheten aus deren Schriften nicht habe ermitteln können. Unter der chronica ist das Werk des Hieronymus zu verstehen. Dieser merkt die Prophetie des Jonas zum 21. Jahre des Ozias (a. Abr. 1212) und diejenige des Joel zum 6. Jahre des Joatham (a. Abr. 1249) an. Dabei ist es für die Textkritik des Hieronymus nicht unwichtig zu erfahren, dass Augustinus an zweiter Stelle (a. 1249) ebenso las wie die Handschriften APFMR, nämlich: *Profetabant Osee Joel [Johel MR] Esaias Oded*, wo die übrigen Handschriften und Schönes Text für *Joel* vielmehr *Amos* haben.

P. 291,30 *Tenduntur autem hi dies* — p. 292,4 *eo usque regnavit*. — Unter *hi dies* ist nicht bloss die Zeit des Jonas und Joel, sondern auch die der vorher genannten Propheten Osee, Amos, Esaias und Michaeas zu verstehen, also die Regierungen der Könige Ozias, Joatham, Achaz und Ezechias; diese erstrecken sich in der That bei Hieronymus vom 32. Jahre des Latiner-

königs Aventinus (a. Abr. 1192) bis in das 2. Jahr des
Königs Numa Pompilius (a. Abr. 1304).

P. 292,4 *a: per hoc* — 13 *solverentur.* — Vergl. zu Cap. 21 p. 283,4.

P. 292,13 *Cum enim* — 19 *imperaret.* — Augustinus.

Cap. 28—30 (p. 292,23—p. 297,26) sind rein theologischen Inhalts.

Cap. 31 p. 297,30 *Tres prophetae* — p. 298,4 *litteris const it.* —
Augustinus bemerkt, dass er eine Zeitbestimmung für die
Propheten Abdias, Naum und Abacuc *in chronicis Eusebii et
Hieronymi*, ausgenommen für Abdias, nicht gefunden habe.
Aber auch auf die Zeitbestimmung für Abdias sei nichts zu
geben, da dieser in der betreffenden Notiz ein Zeitgenosse des
Michaeas heisse, während doch feststehe, dass letzterer damals
nicht gelebt haben könne. Es ist nun schon oben (p. 6)
bemerkt werden, dass Augustinus das Lemma des Hieronymus
zum a. Abr. 1086 im Sinne gehabt habe: *Apud Hebraeos
prophetabant Abdias Jesu Ozias Michaeas.* Da ein Prophet
Micha von Hieronymus in seiner Chronik sonst nicht erwähnt
wird, so ist es allerdings wahrscheinlich, dass er den hier
genannten irrtümlich für den aus Morescheth stammenden
Zeitgenossen des Jesaias gehalten habe. Damit aber gewinnen
wir zugleich noch einen bestimmten Anhalt für unsere oben (p. 6)
begründete Annahme, dass Augustinus die Canones des Eusebius
nicht im Original, sondern nur in der Überarbeitung des Hieronymus
benutzt habe, dass folglich auch hier trotz des ausdrücklichen
Citates *(in chronicis Eusebii et Hieronymi)* nur an letztere zu
denken sei. Eusebius nämlich setzt ganz richtig den Propheten
Micha aus Morescheth in die Zeit des Königs Joatham (a.
Abr. 1246)\*) und Augustinus Tadel hat mithin nur Berechtigung
dem Hieronymus gegenüber.

P. 298,4 *quod errore* — 5 *contigisse.* — Dass unter den *labores alieni*
die Chronik des Africanus zu verstehen sei, ist oben (p. 7 f.)
bemerkt worden. Dieser wird also, da sonst die tadelnde
Bemerkung des Augustinus keinen Sinn hätte, in richtiger
Weise Micha, den Sohn Jemla's, und Micha aus Morescheth
unterschieden haben, und das scheint allerdings nach dem,
was bisher ermittelt ist, der Fall gewesen zu sein.\*\*)

P. 298,5 *duos vero* — 7 *invenire.* — S. oben p. 7 f.

P. 298,7—299,17, desgleichen Cap. 32 (p. 299,21—303,25) sind
wieder rein theologischen Inhaltes.

---

\*). Die Notiz zum a. Abr. 1086 ist in dem armenischen Texte ausgefallen.
Dagegen bemerkt Dionys. Telmahar. p. 17 (Siegfried-Gelzer): *Hoc tempore (sc.
regis Josaphat) vaticinati sunt Elia et Obadja et Jehu et Micha et Usiel
et prophetae falsi Zedekia et Elieser, et reliqui ceterorum CCCC.* Ob dies
freilich erweiterter Eusebius und nicht vielmehr Quelle desselben d. h. Africanus
sei, ist mir sehr fraglich.

\*\*) Gelzer, Africanus I, 106 f. Vergl. auch die vorhergehende Anmerkung.

Cap. 33 (p. 303,29—305,28). — Von Interesse für uns ist nur die chronologische Bestimmung der Prophetie des Hieremias und des Sophonias p. 304,1—9 *Prophetavit (sc. Hieremias) autem regnante Josia in Hierusalem et apud Romanos Anco Marcio, iam propinquante captivitate Judaeorum. Tetendit autem prophetiam usque ad quintum mensem captivitatis, sicut in eius litteris invenimus. Sophonias autem unus de minoribus adiungitur ei. Nam et ipse in diebus Josiae prophetasse se dicit: sed quousque, non dicit. Prophetavit ergo Hieremias non solum Anci Marcii, verum etiam Tarquinii Prisci temporibus, quem Romani habuerunt quintum regem.* — Abgesehen von dem Zusatz „unus de minoribus" zu Sophonias sowie von dem, was Augustinus aus den Schriften der beiden Propheten erschlossen zu haben angiebt, ist wieder lediglich die Chronik des Hieronymus Quelle gewesen. Augustinus hat es eben sehr geschickt verstanden, die Zahlen und kurzen chronikalischen Angaben seiner Vorlage in volltönende Sätze umzuwandeln. Die erste Bemerkung über Hieremias bringt Hieronymus zum 12. Jahre des Königs Josias, dem 8. des Ancus Marcius (a. Abr. 1383): *Hieremias profetare orsus;* dann folgt zum 21. J. des Josias (17. des Ancus. a. Abr. 1392): *Profetabant Sofonias Hieremias*, endlich zum 18. Jahre des Tarquinius Priscus (a. Abr. 1416): *Profetabant Hieremias Baruc*. In dem 29. Jahre des Tarquinius Priscus aber (a. Abr. 1427) beginnt die babylonische Gefangenschaft.

Cap. 34 p. 306,4 *In ipsa* — 5 *Hiezechiel*. — Die Zeitbestimmung stammt wieder aus Hieronymus, welcher zum 3. Jahre der babylonischen Gefangenschaft (a. Abr. 1429) anmerkt: *In Babylone profetabant Daniel Ezechiel*.

P. 306,5 *alii scilicet* bis zum Schlusse des Capitels p. 307,3 ist wieder theologischen Inhaltes.

Cap. 35 p. 307,7 *Restant* — 8 *Malachias*. — Hieronymus zum 67. Jahre der babylonischen Gefangenschaft (a. Abr. 1493): *Profetabant aput Hebraeos nouissimi Aggaeus et Zacharias et Malachias*.

P. 307,8 *Quorum Aggaeus* bis zum Schlusse des Capitels p. 310,30 theologischen Inhaltes.

Cap. 36 p. 311,3—5 *Post hos tres prophetas, Aggaeum, Zachariam, Malachiam per idem tempus liberationis populi ex Babyloniae servitute scripsit etiam Esdras*. — Die Zeitangabe *per idem — servitute* bezeichnet in etwas weiterer Weise die nächsten Decennien nach der Rückkehr der Juden aus dem Exil. Diese erfolgt bei Hieronymus, der auch hier wieder als Quelle gedient hat, im a. Abr. 1496, während er die erste Notiz über Esdras zum a. Abr. 1553, die zweite, welche Augustinus wohl hauptsächlich im Auge gehabt hat, zum a. Abr. 1558, endlich noch eine dritte und vierte nachträglich bei Erwähnung des Neemias zum a. Abr. 1569 und 1584 bringt.

P. 311,5 *qui magis* — 6 *propheta*. — Augustinus.

P. 311,6 *sicuti est* — 8 *invenitur*. — Hieronymus bemerkt zum a. Abr. 1553 (der ersten Notiz über Esdras): *Ea quae de Hester et Mardoceo scribta sunt, quidam affirmant sub hoc rege gesta: quod ego non puto. Numquam enim Ezras de Hester siluisset, qui scribit hoc tempore Ezram et Neemiam reuersos ex Babylone et ea deinceps consecuta quae ab his gesta referuntur.* Seinen eigenen Ansatz bringt dann Hieronymus zum 2. Jahre des Artaxerxes Mnemon (a. Abr. 1613): *Sub hoc rege mihi uidetur historia quae in Hester libro continetur expleta.* Ganz ähnlich setzt nun auch Augustinus die Esthergeschichte nicht in die Zeit des Esdras, sondern „*non longe ab his temporibus*". Es ist demnach wohl kaum zweifelhaft, dass er auch hinsichtlich dieses Ansatzes dem Hieronymus folgte.

P. 311,8 *nisi forte* bis zum Schlusse des Capitels (Z. 23) kommt für uns nicht in Betracht.

Cap. 37 p. 311,27 *Tempore* — 312,20 *flumen erupit*. — Augustinus will beweisen, dass keiner der griechischen Philosophen vor den Propheten des alten Testamentes gelebt habe. Die chronologische Grundlage für diesen Beweis hat wieder Hieronymus geliefert. So zunächst, wenn es von Pythagoras heisst: *qui eo tempore, quo Judaeorum est soluta captivitas, coepit excellere atque cognosci,* wo sich die entsprechende Notiz des Hieronymus zum 64. Jahre des Exils (a. Abr. 1490) findet: *Pythagoras fysicus filosofus clarus habetur.* Dann wird Socrates namhaft gemacht mit dem Bemerken: *post Esdram in chronicis invenitur,* womit Hieronymus a. Abr. 1583 *Socrates plurimo sermone celebratur* zu vergleichen ist. Weiter heisst es von Plato: *Non multo post etiam Plato natus est,* vergl. Hieronymus a. Abr. 1592 *Plato nascitur.* Endlich werden hier noch einmal die Vorgänger des Pythagoras, nämlich Thales und die übrigen der sieben Weisen, ferner die Physiker nach Thales erwähnt, worüber unsere Bemerkungen zu Cap. 25 (p. 289,30—290,12) und zu Cap. 24 (p. 288,14) zu vergleichen sind. Der einzige, der dort nicht genannt wird, ist Anaxagoras, und von diesem konnte Augustinus allerdings genau genommen nicht sagen, dass er vor Pythagoras gelebt habe. Denn während des letzteren Blüte, wie bemerkt, von Hieronymus a. Abr. 1490 gesetzt ist, fällt diejenige des Anaxagoras a. Abr. 1517. Doch ist diese Ungenauigkeit des Augustinus wohl dadurch zu entschuldigen, dass Hieronymus gleich darauf (a. Abr. 1521) den Tod des Pythagoras angemerkt hat.*)

---

*) Wer bei Augustinus, was ich nicht billigen würde, die Benutzung einer andern Quelle für den Ansatz des Anaxagoras statuieren wollte, könnte sich auf Georg. Mon. p. 199,32 (ed Muralt): Καθ' ὃν καιρὸν (d. h. unter Kambyses) Ἀναξαγόραν καὶ Πυθαγόραν τὸν Σάμιον φιλόσοφον ἀκμάσαι λόγος berufen, oder vielleicht auch auf die Excerpta Barbari fol. 30 a. 22 (ed. Sch.): *In ipsis autem temporibus* (sc. *Cyri*) *Pythagoras et princeps agoras famosi*

P. 312,20 *Soli igitur* — 23 *priores*. — Vergl. zu Cap. 14 p. 274,3—17.

P. 312,23 *Sed nec ipsi* — 313,4 *propheta fuit*. — Augustinus giebt zu, dass in Ägypten bereits vor den Zeiten Moses „*nonnulla doctrina*" gewesen sei, da ja nach dem Berichte der heiligen Schrift Moses in aller Weisheit der Ägypter gebildet wurde. Dennoch aber sei die „*sapientia*" in Israel früher gewesen, als in Ägypten, da der „Prophet" Abraham schon vor Einführung der Schrift in Ägypten gelebt habe.

P. 313,5—9.

Quid autem sapientiae potuit esse in Aegypto, antequam eis Isis, quam mortuam tamquam magnam deam colendam putaverunt, litteras traderet? Isis porro Inachi filia fuisse proditur, qui primus regnare coepit Argivis, quando Abrahae iam nepotes reperiuntur exorti.

Cap. 40 p. 316,7—11.

In quibus enim libris istum numerum collegerunt, qui non multum ante annorum duo milia litteras magistra Iside didicerunt? Non enim parvus auctor est in historia Varro, qui hoc prodidit, quod a litterarum etiam divinarum veritate non dissonat.

In dem ersten Berichte wird die Zeitbestimmung für Isis lediglich nach der Chronik des Hieronymus gegeben, in welcher in der That das erste Lebensjahr Jakobs mit dem ersten Regierungsjahre des Königs Inachus zusammenfällt (a. Abr. 161). Dort findet sich in dem zugehörigen Lemma auch das angemerkt, was Augustinus hier über die Abkunft der Isis berichtet: *Inachi filia Jo quam Aegypti mutato nomine Isidem colunt*. Zählt man vom a. Abr. 161 bis zum Schlusse der Chronik des Hieronymus (a. Abr. 2395 = 378 p. Chr., also etwa die Zeit des Augustinus), so verstreichen 2235 d. h. „nicht viel mehr als 2000 Jahre". Für dieselbe Berechnung beruft sich nun aber Augustinus in dem zweiten Bericht auf Varro. Warum, fragt man mit Recht, hat er dessen Autorität, die für ihn doch so schwerwiegend ist, nicht auch an ersterer Stelle geltend gemacht? Erinnern wir uns ferner, dass Varro nach dem, was wir früher zu Cap. 3 p. 260,28 bemerkt haben, hinsichtlich des Isismythus wahrscheinlich einer von der gewöhnlichen Überlieferung abweichenden Version gefolgt ist, so können wir unsere Bedenken über den seltsamen Zufall, nach welchem er betreffs der Zeit des Auftretens der Isis in Ägypten mit Hieronymus im Einklang gewesen sein soll, nicht unterdrücken. Wir halten es daher für nicht unwahrscheinlich, dass Augustinus sich in dem zweiten Berichte nur ungenau ausgedrückt habe, wenn er Varro auch für die chronologische

*filosofi cognosceb*[*a*]*ntur*, wo *princeps agoras* mit Scaliger nicht als Übersetzung von Πρωταγόρας sondern von Ἀναξαγόρας (in der Vorlage des Barbarus *αναξ αγορας* geschrieben) zu fassen ist.

Angabe verantwortlich machte, während er bei ihm doch nur die Notiz fand, dass Isis die Schrift in Ägypten eingeführt habe.

Cap. 38 p. 313,14—314,21. ferner Cap. 39 p. 314,25—315,26 kommt für uns nicht in Betracht.

P. 315,26 *Eo quippe* — 29) *Mercurius*. — Wie Augustinus Cap. 8 p. 265,6 die Zeit des Mercurius nach derjenigen des Atlas bestimmt hat, so hier auf dieselbe Weise die Zeit des Trismegistus, des Enkels Mercurs. Für den Ausgangspunkt, die chronologische Fixierung des Atlas, diente ebenso wie bei der Zeitbestimmung des Mercur die Chronik des Hieronymus als Hülfsmittel, und zwar, da die Geburt des Moses den Synchronismus liefert, der Ansatz zum a. Abr. 431.

Cap. 40 (p. 316,4—30). Schon vorhin (zu Cap. 37 p. 313,5) ist Z. 7—11 besprochen. Ausserdem ist nur noch Z. 4 *Frustro* — 6 *numerari* von einigem Interesse. Was dort von den astronomischen Berechnungen der Ägypter seit mehr als hunderttausend Jahren gesagt wird, geht augenscheinlich auf die gefälschten Briefe Alexanders des Grossen an seine Mutter Olympias zurück, in welchen nach angeblichen Enthüllungen des ägyptischen Priesters L e o*) die Weltgeschichte auf derartigen abstrusen Zahlen aufgebaut gewesen zu sein scheint.

Cap. 41 p. 317,4—320,8 kommt für uns nicht in Betracht.

Cap. 42 p. 320,13—321,15 handelt über die Entstehung der Septuaginta. Die einleitenden Bemerkungen dazu sind wohl teils (Z. 13—22) auf die Gesamtbildung des Augustinus zurückzuführen, teils erklären sie sich wieder aus der Benutzung des Hieronymus:

Hieronymus.

a. Abr. 1695: Ptolomeus Lagi filius Hierusolymis et Judaea in dicionem suam dolo redactis plurimos captinorum in Aegyptum transtulit.

a. Abr. 1736: Ptolomeus Filadelfus Judaeos qui in Aegypto erant liberos esse permisit etc.

Augustinus.

Z. 22—24: Ptolomaeos reges habere coepit Aegyptus; quorum primus, Lagi filius, multos ex Judaea captivos in Aegyptum transtulit.

Z. 24—26: Huic autem succedens alius Ptolomaeus, qui est appellatus Philadelphus, omnes, quos ille adduxerat subiugatos, liberos redire iussit.

P. 320,26 *insuper et* bis zum Schlusse des Capitels (321,15) enthält den eigentlichen Bericht über die Entstehung der Septuaginta. Die Quelle desselben habe ich nicht ermitteln können, doch geht er jedenfalls nicht auf Aristeas oder Josephus zurück, da Augustinus abweichend von diesen eine doppelte Gesandtschaft

---

*) Vergl. Augustin. C. D. XII, 11; VIII, 5. 27; de consol. Evang. I, 23; Tertullian. de cor. milit. 7; Clemens Alex. Strom. I. p. 139. Wohl nicht verschieden davon ist der von Hygin. Poet. Astron. II. 20 genannte L e o, sowie der L e o Pellaeus bei Arnob. adv. gent. IV, 29 (s. Pauly. R. E. IV, 920).

des Königs zum Eleazar annimmt.\*) ferner auch die Siebzig in getrennten Cellen ihre Übersetzung anfertigen lässt.\*\*) Cap. 43 (p. 321,19—323,17), Cap. 44 (p. 323,22—325,4). Cap. 45 (p. 325,11—33) kommt für uns nicht in Betracht. Von p. 326,1 bis p. 327,25 folgt ein Abriss der jüdischen Geschichte von Alexander dem Grossen bis auf Christi Geburt, der fast ganz aus der Chronik des Hieronymus stammt. Man muss auch hier wieder die rhetorische Geschicklichkeit des Augustinus bewundern, mit welcher er die kurzen chronikalischen Angaben seiner Vorlage zu einem anmutigen Berichte zusammenzuweben verstanden hat. Eine Vergleichung mit den betreffenden Lemmata des Hieronymus ergiebt leicht, was Emblem des Augustinus ist.

P. 326,1 *Non multo post* — 8 *putans*. — Hieronymus a. Abr. 1685 (p. 115 o).

P. 326,8 *Deinde Ptolomaeus* — 10 *trastulit*. — Hieronymus a. Abr. 1695 (p. 117 d); vergl. Cap. 42 (p. 320,22).

P. 326,10 *quos eius* — 11 *dimisit*. — Hieronymus a. Abr. 1736 (p. 119 o); vergl. Cap. 42 (p. 320,24—26).

P. 326,11 *per quem* — 13 *haberemus*. — Vergl. Cap. 42 (p. 320,26 ff.)

P. 326,13 *Deinde contriti* — 14 *explicantur*. — Hieronymus a. Abr. 1797 (p. 123 h). 1829 (p. 125 o).

P. 326,14 *Post haec* — 15 *Epiphanes*. — Hieronymus a. Abr. 1814 (p. 125 c).

P. 326,15 *inde ab Antiocho* — 18 *gentium*. — Hieronymus a. Abr. 1848 (p. 127 b).

P. 326,18 *quod tamen* — 21 *mundavit*. — Hieronymus a. Abr. 1853 (p. 127 e).

P. 326,22 *Non autem* — 24 *pontifex factum est*. — Hieronymus a. Abr. 1857 (p. 127 f).

P. 326,24 *Hinc iam* — 27 *et rex et pontifex factus est*. — Hieronymus a. Abr. 1913 (p. 131 x). Für die Worte *in quibus eis — gesserint* vergl. Hieronymus a. Abr. 1860 (p. 127 h), 1862 (p. 127 k), 1866 (p. 129 c), 1869 (p. 129 e), 1873 (p. 129 i), 1876 (p. 129 n), 1877 (p. 129 o), 1879 (p. 129 r), 1881 (p. 131 b) u. s. w.

P. 326,27 *Antea quippe* — 34 *Aristobulus fuit*. — Augustinus.

P. 326,34 *Cui successit* — 327,1 *traditur*. — Hieronymus a. Abr. 1913 (p. 131 x).

P. 327,1 *Post hunc uxor* — 3 *graviora*. — Hieronymus a. Abr. 1941 (p. 135 f).

P. 327,3 *Filii quippe* — 6 *Romanos*. — Hieronymus a. Abr. 1950 (p. 135 r).

P. 327,6 *Hircanus* — 7 *auxilium*. — Dass Hyrcanus die Römer um

---

\*) Vergl. Justin. Martyr. Apol. 1,31; Epiphan. de pond. mens. 9.
\*\*) Vergl. Justin. Martyr. ad graec. coh. 13; Justinian. nov. 146; Zonar. Annal. 4,17.

Hülfe gebeten habe, wird bei Hieronymus nicht ausdrücklich berichtet. Setzt man voraus, dass Augustinus diese Angabe aus einer besonderen Quelle entnommen habe, so wird es wohl das Zunächstliegende sein, an Africanus zu denken (vergl. Syncell. 563.1—8).

P. 327,7 *Tunc iam Roma* — 14 *immineret.* — Augustinus.
P. 327,14 *Pompeius ergo* — 22 *Aristobulum ducit.* — Hieronymus a. Abr. 1950 (p. 135 r).
P. 327,22 *Ex illo* — 23 *coeperunt.* — Hieronymus a. Abr. 1954 (p. 135 v).
P. 327,23 *Postea* — *expoliavit.* — Hieronymus a. Abr. 1973 (p. 137 a).
P. 327,24 *Deinde post paucos* — 25 *meruerunt.* — Hieronymus a. Abr. 1984 (p. 141).
P. 327,25 *quo regnante* — 29 *gentium*. — Man ist erstaunt, bei Augustinus selbst hier Benutzung des Hieronymus zu finden, und zwar so weitgehende, dass er darüber fast vergisst, bei Wiedergabe des Bibelcitates (Gen. 49, 10) seinen Italatext an die Stelle der hieronymianischen Übersetzung zu setzen. Es steht nämlich zufällig dasselbe Citat noch bei Augustinus C. D. XVI, 41 in etwas abweichender Form und dort doch wohl nach der Itala:

| Hieronymus a. Abr. 1983. | Augustinus XVIII, 45. | Augustinus XVI, 41. |
|---|---|---|
| Cuius (sc. Herodis) tempore Christi natiuitate uicina regnum et sacerdotium Judaeae . . . . . . . . . destructum est, completa profetia, quae ita per Moysen loquitur: *Non deficiet princeps ex Juda neque dux de femoribus eius, donec veniat cui repositum est. Et ipse erit expectatio gentium.* | quo (sc. Herode) regnante natus est Christus. Jam enim venerat plenitudo temporis significata prophetico spiritu per os patriarchae Jacob, ubi ait: *Non deficiet princeps ex Juda, neque dux de femoribus eius, donec veniat cui repositum est, et ipse expectatio gentium.* | *Non deficiet princeps ex Juda et dux de femoribus eius, donec veniant quae reposita sunt ei; et ipse expectatio gentium.* |

P. 327,30 *Non ergo* — 32 *regem* stammt gleichfalls aus der Chronik des Hieronymus:

| Hieronymus. | Augustinus. |
|---|---|
| a. Abr. 1983: Nam usque ad Herodem Christi, id est sacerdotes, erant reges Judaeorum. a. Abr. 1984: Judaeis regnauit Herodes alienigena deficiente pontificum principatu. | Non ergo defuit Judaeorum princeps ex Judaeis usque ad istum Herodem, quem primum acceperunt alienigenam regem. |

P. 327,32 *Tempus ergo* — 328,5 *patientiae*. — Augustinus.

Cap. 46 p. 328,10 *Regnante ergo* — 13 *in Bethleem Judae*. — Abgesehen von geringen eigenen Zuthaten des Augustinus ist die Quelle wieder Hieronymus gewesen a. Abr. 2015 (42. Jahr des Augustus. 32. J. des Herodes). Dabei ist es auffallend, dass Augustinus selbst hier, bei Bestimmung des Geburtsjahres Christi, einer genauen Datierung ausweicht. Offenbar waren die rein chronologischen Untersuchungen nicht nach seinem Geschmacke. Trotz der ausgiebigen Benutzung der Chronik des Hieronymus finden sich bei ihm nur spärliche g e n a u e r e Data, und die Hebdomadenrechnung übergeht er (XVIII, 34) mit der Begründung *„quod longum est computando monstrare, et ab aliis factitatum est ante nos."*

P. 328,13 *homo* bis zum Schluss des Capitels (p. 329,31) fällt für uns weg, ebenso Cap. 47—Cap. 51 (p. 330—337).

Cap. 52 p. 338,11—15 bringt eine Aufzählung der 10 Christenverfolgungen von Nero bis Diocletian. Dieselben finden sich entsprechend auch in der Chronik des Hieronymus unter den betreffenden Regierungen angemerkt, doch kann diese hier nicht die Quelle des Augustinus gewesen sein. In demselben Capitel (p. 339,12—340,2) folgen dann noch weitere Angaben über Christenverfolgungen seit Julianus Apostata, von denen der Hauptsache nach Augustinus als Zeitgenosse (vergl. 339,23 *postremo nostra memoria Valens*) Kunde hatte. Mit 339,15 *Sub quo Valentinianus* — 17 *privatus est* ist zu vergleichen Philostorgius VII, 6, Socrates IV. 1, Sozomenus VI. 6, Chron. Pasch. 549,6—11.

P. 340,2 *Haec atque* — 10 *revocantes*, ferner Cap. 53 (p. 340,13—342,13) kommen für uns nicht in Betracht.

Cap. 54 (p. 342,18—345,25), das Schlusscapitel des XVIII. Buches, hat bisher einen besonders hervorragenden Platz in der antiken Litteratur eingenommen, weil in demselben eine genaue Angabe über den Todestag Christi enthalten ist. Man hat gemeint, auf dieselbe deshalb einen so hohen Wert legen zu dürfen, weil sie ja allerdings durch die scheinbar beste Autorität beglaubigt war.*) Die nachstehenden Bemerkungen werden nun freilich diese Meinung als irrig erweisen, vielmehr wird sich herausstellen, dass Augustinus seine Angabe aus der allernächstliegenden Quelle, nämlich aus einem F a s t e n - e x e m p l a r, entnommen hat, wobei eine so wenig gründliche Behandlung der chronologischen Schwierigkeiten der Zeit Christi nach dem, was wir vorhin über die Abneigung Augustius gegen alle rein chronologischen Fragen bemerkt haben, durchaus nicht unerklärlich erscheint.**)

---

*) I d e l e r, Handbuch der math. und tech. Cronolog. II, 414 äussert sich: „*Beim Augustinus, dessen Zeugnis hier von besonderem Gewicht ist, heisst es u. s. w.*"

**) Dass Augustinus bessere Quellen (A f r i c a n u s!) zur Verfügung standen, ist aus C. D. III, 15 von Z a n g e m e i s t e r erwiesen (s. oben p. 7).

Augustinus will nämlich in dem Schlusscapitel die Prophezeiung derer als eitel erweisen, welche behauptet hatten (Cap 53 p. 341,12 ff.), dass die christliche Kirche nach 365 jährigem Bestehen ihr Ende haben werde. Zu diesem Zwecke sucht er zunächst den **Anfang** der christlichen Kirche genauer zu bestimmen, und zwar ermittelt er für denselben als Epoche die *Iden des Mai* 782 d. St. (29) unserer Zeitrechnung), **das Datum der Ausgiessung des heiligen Geistes**. Dieses Datum hat er auf folgende Weise gewonnen: 1. Christi Tod *duobus Geminis consulibus octavum Kalendas Aprilis.* 2. *Resurrexit tertio die.* 3. *Deinde post quadraginta dies ascendit in caelum,* 4. *post decem dies, id est quinquagensimo post suam resurrectionem die, misit Spiritum sanctum* und gleich darauf *Ac per hoc colligitur etiam dies . . . . . . . . quando missus est Spiritus sanctus, id est per Idus Maias.* Von diesem Ausgangspunkte zählt dann Augustinus die einzelnen Consulpaare ab und gelangt so mit dem 365. Jahr in das Consulat des Honorius und Eutychianus: *Numeratis proinde consulibus trecenti sexaginta quinque anni reperiuntur impleti per easdam Idus consulatu Honorii et Eutychiani.* Darauf fährt er fort: *Porro sequenti anno, consule Malio Theodoro, quando iam secundum illud oraculum daemonum aut figmentum hominum nulla esse debuit religio Christiana . . . . . . in civitate notissima et eminentissima Carthagine Africae Gaudentius et Jovius comites imperatoris Honorii quarto decimo Kalendas Aprilis falsorum deorum templa everterunt et simulacra fregerunt.* Fassen wir diese Bemerkungen genauer ins Auge, so ergiebt sich zunächst mit Sicherheit, dass Augustinus für die Berechnung des 365. Jahres nach dem Consulate der beiden **Gemini** sich eines **Fastenexemplares** bedient habe, denn er selber sagt ja, dass er die Consulpaare gezählt habe. Dieses Fastenexemplar nun muss aber ziemlich fehlerhaft gewesen sein, denn Augustinus kommt mit dem 365. Jahre seit dem Consulat der **Gemini** (29 n. Chr.) in dasjenige des **Honorius und Eutychianus** (398 n. Chr.): es waren also in der Vorlage Augustins aus dem angegebenen Zeitraum (29—398) **vier** Consulpaare verloren gegangen, denn das 365. Consulat nach den **Gemini** ist thatsächlich das des **Arcadius** und **Honorius** vom J. 394. Derselbe Fehler bleibt bei Erwähnung des folgenden Consulates *(Malio Theodoro),* welches dasjenige des Jahres 399 ist. Ferner müssen in dem Fastenexemplar\*) des Augustinus,

---

\*) Derartige Fastenexemplare scheinen in der römischen Kaiserzeit sehr verbreitet gewesen zu sein. Vergl. von neuerer Litteratur darüber namentlich Holder-Egger, Neues Archiv I p. 215 ff., G. Kaufmann, Philol. 34. p. 235 ff. 42, 471 ff, A. Freund. Beiträge zur antiochenischen und zur konstantinopolitanischen Stadtchronik (Jena. Diss. 1882) p. 8 ff. L. Jeep. Quellenuntersuchungen zu den griech. Kirchenhistor. (Leipzig, 1884) p. 79, 117 ff. Mommsen (Prooemium zur Jordanesausgabe p. XXIX) macht darauf aufmerksam, dass die Fastenchroniken von

ähnlich wie in den *fasti Idatiani* und dem sogenannten *Anonymus Cuspiniani*, historische Notizen eingestreut gewesen sein. Das lehrt zunächst eine Vergleichung mit den *fasti Idatiani*, welche zum J. 399 ebenfalls die Angabe bringen: *His conss. templa gentilium demolita sunt. Jociano et Gaudentio Comitibus*. Aber auch die übrigen Notizen des Augustinus finden sich sämtlich in den Fastenchroniken wieder, so vor allem das Datum von Christi Tod, welches schon deshalb nicht aus einer besonders guten Quelle stammen kann, weil der VIII. Kal. Aprilis oder 25. März überhaupt nicht als historisches Datum gelten kann.\*) Von erhaltenen Fastenexemplaren setzen namentlich die des Chronographen von 354 Christi Leiden ebenfalls in das Consulat der beiden Gemini (ed. Mommsen p. 619), desgleichen die *fasti Idatiani* und der *Anonymus Cuspiniani*, ferner haben von solchen Chronisten, die nachweislich Fastenannalen benutzten, das nämliche Datum Sulpicius Severus (II, 27, 5),\*\*) Prosper (s. Ideler, Handbuch der Chron. II p. 414) und die Excerpta Latina Barbari (fol. 54a, 11 f.). Gerade die Vergleichung der letzteren mit den Angaben des Augustinus ist besonders lehrreich, da sich aus derselben ergiebt, dass nicht einmal die Data der Auferstehung und Himmelfahrt Christi sowie der Ausgiessung des heiligen Geistes selbstständig von Augustinus berechnet sind, sondern dass ihm auch hierin die Verfasser der Fastenchroniken vorgearbeitet hatten, fol. 54 b, 7: *Surrexit autem dominus noster Jhesus Christus sub consolato Rubellionis VI Kl. Aprilis. Ascendit autem dominus noster III No. Maias. Missus est autem Spiritus Sanctus idos Maias.*

So erübrigt uns denn nur noch zum Schluss unserer eigentlichen Untersuchung eine Bemerkung über folgende für die Abfassungszeit des XVIII. Buches wichtige Angabe p. 344,31—345,1: *Ex quo* (d. h. seit dem Consulat des Mallius Theodorus) *usque ad hoc tempus per triginta ferme annos* etc. Man wird annehmen müssen, dass Augustinus die Reihenfolge der Consulate in den letzten dreissig Jahren seines Lebens gekannt habe. Daher wird man bei der Feststellung der Abfassungszeit des XVIII. Buches auch keinen Fehler in der Fastentafel in Rechnung bringen dürfen und somit also von dem wirklichen Consulatsjahr des Mallius Theodorus 399 ab zählen müssen. Da nun die Schrift *de civitate dei* um 426 beendigt worden ist, so ergiebt sich einerseits, dass die

---

Jordanes als *annales consulumque series* (Romana Cap. 388), ferner von Gregor von Tours (hist. Franc. 2, 9) als *consularia*, endlich von Epiphan. adv. haeres. 2, 51 p. 482 Dind. als ὑπατάρια citiert werden. Ausserdem hat bereits Ducange (Praefatio zum Chron. Pasch. p. 52 ed. Dind.) auf eine Erwähnung von ὑπατάρια im Chron. Pasch p 698.12 hingewiesen.

\*) Ideler, Handb. der math. und techn. Chronol. II, 420.
\*\*) Vergl. Gelzer, Africanus II, 119.

„dreissig Jahre" als Abrundung nach oben anzusehen sind, andererseits, dass das XVIII. Buch schwerlich vor 425 abgefasst sein wird.

## Exkurs I.
### Der Vergilkommentar des Augustinus.

Die Benutzung eines Vergilkommentars bei Augustinus anzutreffen, kann bei seiner unbegrenzten Vorliebe für den Dichter und weil auch anderweitig feststeht, dass ihm derartige Kommentare bekannt waren,[*] nicht Wunder nehmen. Dass in Wirklichkeit ein derartiger Kommentar zu den Quellen der Schrift *de civitate dei* gehört habe, ergiebt sich mit völliger Sicherheit aus der Vergleichung einer Anzahl von Angaben jener Schrift mit den erhaltenen Vergilkommentaren, namentlich demjenigen des Servius. Ich teile dieselben nachstehend zum Beweise meiner Ansicht mit, indem ich es andern überlasse, das Verhältnis des von Augustinus benutzten Kommentars zu den übrigen genauer festzustellen.

*Servius Aen. I, 12:* „coloni" autem dicuntur cultores advenae.

*Civ. dei X, 1:* Ab incolendo enim colonos vocavit, non agricultura.

*Servius Aen. I, 47:* et soror et coniunx] physici Jovem aetherem, id est ignem volunt intellegi, Junonem vero aërem, et quoniam tenuitate haec elementa paria sunt, dixerunt esse germana.

*Civ. dei IV, 10:* Cur etiam illi Juno uxor adiungitur, quae dicatur „soror et coniunx?" Quia Jovem, inquiunt, in aethere accipimus, in aëre Junonem, et haec duo elementa coniuncta sunt, alterum superius, alterum inferius.

Weniger sicher ist folgende Angabe:

*Servius Aen. I, 292:* Nam adulans populus Romanus Octaviano tria obtulit nomina, utrum vellet Quirinus, an Caesar, an Augustus vocari.

*Civ. dei XVIII, 24:* Mortuum Romulum . . . . . in deos . . . . . rettulere Romani; quod usque adeo fieri iam desierat (nec postea nisi adulando, non errando, factum est temporibus Caesarum) etc. Vergl. oben *p. 56 f.*

*Servius Aen. IV, 493:* magicas invitam] quia cum multa sacra Romani susciperent, semper magica damnarunt: *probrosa enim ars habita est*: ideo excusat.

*Civ. dei VIII, 19:* Cur enim tam graviter ista plectuntur severitate legum, si opera sunt numinum colendorum? An forte istas leges Christiani instituerunt, quibus artes magicae puniuntur? Secundum quem alium sensum, nisi quod haec maleficia generi humano perniciosa esse non dubium est, ait poëta clarissimus (*folgen Aen. IV, 492 f.*).

---

[*] Ribbeck, Prolegomena zu Vergil p. 128 f.

*Servius Aen. VI. 664:* et qui aliquos sui memores fecere praestando, ut (IV 334) numquam regina negabo promeritam, id est praestitisse.

*Servius Aen. VI. 732:* Terrenique hebetant artus moribundaque membra] morienti similia, hoc est semper morientia: numquam enim in eodem statu sunt, sed aut minuuntur aut crescunt. ergo animus idem est, sed uti viribus non potest propter corporis coniunctionem. — VI, 733: Hinc metuunt cupiuntque dolent gaudentque] ex corporis coniunctione et hebetudine. Varro et omnes philosophi dicunt quattuor esse passiones, duas a bonis opinatis et duas a malis opinatis rebus: nam dolere et timere duae opiniones malae sunt. una praesentis, alia futuri: item gaudere et cupere opiniones bonae sunt. una praesentis, altera futuri. haec ergo nascuntur ex ipsa coniunctione, nam neque animi sunt neque corporis propria: pereunt enim facta segregatione.

*Servius Aen. VI. 760:* postea Albani omnes reges Silvii dicti sunt ab huius nomine, sicut hodieque Romani imperatores Augusti vocantur.

*Servius Aen. VI. 777:* Quin et avo comitem sese Mavortius addet Romulus] qui (sc. Remus et Romulus) cum adclevissent, occiso Amulio avum Numitorem in regna revocaverunt et cum eo uno anno regnaverunt. postea propter an-

*Civ. dei XXI. 27:* id est, qui promeruerunt alios eosque sui memores promerendo fecerunt.

*Civ. dei XIV, 5:* (Platonici) ex terrenis artubus moribundisque membris sic affici animas opinantur, ut hinc eis sint morbi cupiditatum et timorum et laetitiae sive tristitiae; quibus quattuor . . . . . . passionibus, ut plerique verbum e verbo Graeco exprimunt omnis humanorum morum vitiositas continetur. — XIV, 3: Quamvis enim Vergilius Platonicam videatur luculentis versibus explicare sententiam dicens (folgen die Verse *Aen. VI,* 730—32), omnesque illas notissimas quattuor animi perturbationes, cupiditatem timorem, laetitiam tristitiam, quasi origines omnium peccatorum atque vitiorum volens intellegi ex corpore accidere subiungat et dicat (folgen die Verse *Aen. VI.* 733—34). Vergl. auch *Civ. dei XXI.* 3 (*p.* 490, 27—31); *XIII. 19 (p. 582, 1—13); XXII. 26 (p. 620, 3 ff.).*

*Civ. dei XVIII, 20:* ab eo quippe, qui filius Aeneae primus dictus est Silvius, ceteris subsecutis et propria nomina inponebantur et hoc non defuit cognomentum: sicut longe postea Caesares cognominati sunt, qui successerunt Caesari Augusto. Vergl. jedoch auch *Hieronymus a. Abr. 877.*

*Civ. dei XVIII. 21:* Amulio successit in regnum Latiare frater eius Numitor, avus Romuli, cuius Numitoris primo anno condita est Roma: ac per hoc cum suo deinceps, id est Romulo, nepote regnavit.*)

---

*) Bei der Vergleichung dieser Berichte lege ich das hauptsächlichste

gustias imperii Romani captatis auguriis condiderunt. ergo avo se addet comitem aut avito se iunget imperio etc.

Für die vorhergehenden Partieen des Cap. 21 (p. 283,10—24) ist bereits oben (p. 54 f.) durch Vergleichung mit Jordanes zum teil die Herkunft aus einem Vergilkommentar erwiesen worden. Was sich bei Jordanes nicht in ähnlicher Weise findet, lässt sich mit Angaben des Servius zusammenstellen:

*Serv. Aen. I, 273:* quod autem a lupa dicuntur alti, fabulosum figmentum est ad celandam auctorum Romani generis turpitudinem. nec incongrue fictum est; nam et meretrices lupas vocamus, unde et lupanaria. et constat hoc animal in tutela esse Martis.

*Civ. dei XVIII, 21 (p. 283,12—22):* quam (sc. Rheam) volunt de Marte geminos concepisse, isto modo stuprum eius honorantes vel excusantes, et adhibentes argumentum, quod infantes expositos lupa nutriverit. Hoc enim genus bestiae ad Martem existimant pertinere, ut videlicet ideo lupa credatur admovisse ubera parvulis, quia filios domini sui Martis agnovit; quamvis non desint qui dicant, cum expositi vagientes iacerent, a nescio qua primum meretrice fuisse collectos et primas eius suxisse mamillas (meretrices autem lupas vocabant, unde etiam nunc turpia loca earum lupanaria nuncupantur).

*Serv. Aen. VI, 821:* pulchra pro libertate] ingenti arte loquitur consideratione personarum: factum enim laudat dicens „pulchra pro libertate", personam vituperat. — *VI, 822:* utcumque ferent ea facta minores] etiamsi lauderis a posteris: extorquere debet naturae vim amor patriae.

*Civ. dei III, 16:* Quod factum Vergilius postea quam laudabiliter commemoravit, continuo clementer exhorruit. Cum enim dixisset: „Natosque pater nova bella moventes ad poenam pulchra pro libertate vocabit," mox deinde exclamavit et ait: „Infelix, utcumque ferent ea facta minores." Quomodolibet, inquit, ea facta posteri ferant, id est praeferant et extollant, qui filios occidit, infelix est. Et tamquam ad

---

Gewicht darauf, dass in beiden von einer gemeinsamen Regierung des Romulus und des Numitor die Rede ist, wodurch die Worte des Dichters *avo se addet comitem* ihre Erklärung finden sollen. Selbstständig dagegen ist bei beiden die Art und Weise, wie sie sich die gemeinsame Regierung denken.

| | | |
|---|---|---|
| *Servius Aen. VII, 266:* Tyranni] graece dixit, id est regis, nam apud eos tyranni et regis nulla discretio est: licet apud nos incubator imperii tyrannus dicatur. | | consolandum infelicem subiunxit: „Vincit amor patriae laudumque inmensa cupido." Vergl. auch *Civ. dei V, 18 (p. 224,2—10).*<br><br>*Civ dei V, 19:* Sed ne tyranni non pessimi atque improbi reges, sed vetere nomine fortes dicti existimentur, unde ait Vergilius: „Pars mihi pacis erit dextram tetigisse tyranni." |
| *Serv. Aen. VII, 657:* Pulcher Aventinus] Aventinus mons urbis Romae est, quem constat ab avibus esse nominatum, quae de Tiberi ascendentes illic sedebant . . . . . quidam etiam rex Aboriginum, Aventinus nomine. illic et occisus et sepultus est, sicut etiam Albanorum rex Aventinus, cui successit Procas. Varro tamen dicit in gente populi Romani, *) Sabinos a Romulo susceptos istum accepisse montem, quem ab Avente, fluvio provinciae suae, Aventinum appellaverunt. constat ergo varias has opiniones postea secutas, nam a principio Aventinus est dictus ab avibus vel a rege Aboriginum. | *Civ. dei XVIII, 21:* Aventinus autem . . . . . . cum esset prostratus in bello et sepultus in eo monte, qui etiam nunc eius nomine nuncupatur, deorum .... numero est additus. Alii sane noluerunt eum in proelio scribere occisum, sed non conparuisse dixerunt; nec ex eius vocabulo appellatum montem, sed ex adventu avium dictum Aventinum. | *Aurel. Vict. Origo 18:* Post illum regnavit Auentinus Silvius: isque finitimis bellum inferentibus in dimicando circumventus, ab hostibus prostratus est ac sepultus circa radices montis, cui ex se nomen dedit, ut scribit Julius Caesar libro secundo. **) |

---

*) Kettner, Varron. Studien p. 62 f. meint wegen dieses Citates den Parallelbericht des Augustinus auf Varro's Schrift *de gente P. R* zurückführen zu müssen, indessen würde dann in demselben doch nicht gerade die varronische Auffassung übergangen sein.

**) Mommsen, (Prooemium seiner Jordanesausgabe p. XXIX) hat die Bemerkung gemacht, dass die *Origo* des Aurelius Victor der Hauptsache nach ein Extrakt aus Vergilkommentaren sei. Wer darauf hin die genannte Schrift liest, wird Beweise für die Richtigkeit jener Bemerkung in reichem Masse leicht finden. Man vergl. z. B. dasjenige, was sich gleich im ersten Capitel über die

Serv. Aen. VIII. 194: Semihominis] *hoc est feritate corrupti.*

Servius Aen. VIII, 190: novimus autem malum a Graecis κακόν dici.

Serv. Aen. VIII, 267: Semiferi] bene „semiferi", cum supra „semihominis."

Serv. Aen. VIII, 319: nam Saturnus rex fuit Cretae, quem Juppiter filius bello pepulit. hic fugiens ab Jano *rege, qui urbem habuit, ubi nunc Janiculum,* est susceptus, qui regnabat in Italia. quem cum docuisset usum vinearum et falcis *et humaniorem victum,* in partem est admissus imperii et sibi oppidum fecit *sub clivo Capitolino, ubi nunc eius aedes videtur.*

Cic. dei VII, 4: De Jano quidem non mihi facile quicquam occurrit, quod ad probrum pertineat. Et fortasse talis fuerit, innocentius vixerit et a facinoribus flagitiisque remotius. Saturnum fugientem benignus excepit; cum hospite partitus est regnum, ut etiam civitates singulas conderent, iste Janiculum, ille Saturniam.

Cic. dei XIX, 12 (p. 373,23—25): Sed faciamus aliquem, qualem canit poëtica et fabulosa narratio, quem fortasse propter ipsam insociabilem feritatem semihominem quam hominem dicere maluerunt.

Cic. dei XIX, 12 (p. 373,28—29): Graece namque malus κακός dicitur, quod ille vocabatur.

Cic. dei XIX, 12 (p. 374,26—27): Ipsae enim saevissimae ferae, unde ille partem habuit feritatis, nam et semiferus dictus est.

Aurel. Vict. Origo 3: Igitur Jano regnante apud indigenas rudes incultosque Saturnus regno profugus cum in Italiam venisset, benigne exceptus hospitio est; ibique haud procul a Janiculo arcem suo nomine Saturniam constituit. Isque primus agriculturam edocuit ferosque homines et rapto vivere adsuetos ad compositam vitam eduxit .
. . . . . . . . . . . .
Omissoque Jano, qui nihil aliud quam ritum colendorum deorum religionesque induxerat, se Saturno maluit adnectere, qui vitam moresque feris etiamtum mentibus insinuans ad communem utilitatem, ut supra diximus, disciplinam colendi ruris edocuit.

Bedingungsweise (s. oben p. 42) gehört hierher auch folgende Notiz:

Serv. Aen. X, 76: Nam Stercutii Picus.

Cic. dei XVIII, 15: hunc (sc. Pici patrem) quidam Stercutium vocatum ferunt.

---

Bedeutung von *Primus* bei Vergil findet, mit dem, was Ribbeck (Prolegomena 172) darüber aus Vergilkommentaren beigebracht hat.

Servius Ecloy. V, 11: Jurgia
Codri] habitu humili profectus est ad
hostium vicina tentoria, et illic iurgio
eos in suam caedem instigavit.
Servius Georg II, 325: Pater
omnipotens fecundis] Aliquoties
et pro aëre et pro aethere Juppiter,
Juno vero pro terra et aqua:
sicut hoc loco intelligimus. Nam
aether non habet pluvias, unde
aetherem pro Jove accipimus: cui
tribuuntur aër et aether: quae duo
mixta terrae et humori [pro quibus
Juno ponitur] universa procreant.

Civ. dei XVIII, 19: Fefellit ergo
eos habitu pauperis apparendo
et in suam necem per iurgium
provocando. Unde ait Vergilius:
„Et iurgia Codri." *)
Civ dei IV, 10: Neque de fig-
mentis poëticis, sed de philoso-
phorum libris a Vergilio dictum
est: „Tum pater omnipotens fe-
cundis imbribus aether coniugis
in laetae gremium descendit."

## Exkurs II.
### Polemo und Varro.

Wir haben im Laufe unserer Untersuchung mehrfach Gelegenheit gehabt, auf Beziehungen Varro's zu dem Periegeten Polemo aufmerksam zu machen. Die Sache ist wichtig genug, um noch einmal im Zusammenhange hier erörtert zu werden.

Am sichersten ergiebt sich unseres Erachtens die Benutzung der Schriften Polemo's durch Varro aus dem Berichte des Festus (p. 326,32 ff. ed. Müller) über die Einsetzung der Salier. Dass dieser Bericht nämlich, in welchem Polemo ausdrücklich citiert wird, von Varro herrühre, lehrt eine Vergleichung mit den entsprechenden Angaben des Plutarch Numa Cap. 13, für welche Peter (Quellen Plut. p. 167) schon ohne Heranziehung des Festus varronische Herkunft in Anspruch nehmen zu müssen geglaubt hat:

| Festus. | Plutarch. |
|---|---|
| Salios a saliendo et saltando dictos esse quamvis dubitari non debeat, tamen Polemon ait Arcada quendam fuisse, nomine Salium quem Aeneas a Mantinea in Italiam deduxerit, qui iuvenes Italicos ἐνόπλιον saltationem docuerit. At Critolaus Saonem**) ex Samothrace, cum Aenea deos Penates qui Lavinium transtulerit, saliare genus saltandi instituisse. | Σάλιοι δὲ ἐκλήθησαν, οὐχ ὡς ἔνιοι μυθολογοῦσι, Σαμόθραχος ἀνδρὸς ἢ Μαντινέως, ὄνομα Σαλίου, πρῶτον τὴν ἐνόπλιον ἐκδιδάξαντος ὄρχησιν, ἀλλὰ μᾶλλον ἀπὸ τῆς ὀρχήσεως αὐτῆς ἁλτικῆς οὔσης κτλ. |

---

*) Oben (p. 45) ist die Benutzung des Vergilkommentars nicht weit genug ausgedehnt.
**) Dass der Samothrakier bei Plutarch ebenfalls Salius heisst, thut nichts zur Sache. vergl. Serv. Aen. II, 325: *namque Smothraces horum penatium antistites*

Fragen wir nun, aus welcher Schrift Polemo's Varro seine Angabe entnahm, so würde nach Preller (Polemonis Periegetae fragm, p. 69) an die κτίσεις Ἰταλικῶν καὶ Σικελικῶν zu denken sein, während Lobeck (Aglaoph. p. 1206) und Müller (Frg. H. Gr. III, 125) sich für die Schrift περὶ Σαμοθρᾴκης entschieden haben. Indem wir weder der einen noch der andern Ansicht beitreten, wollen wir nur bemerken, dass die Notiz auch wohl aus den *Arcadica* stammen könnte, vorausgesetzt, dass man dieselben mit Recht für einen Teil des Ἑλλαδικός genommen hat (s. Preller a. a. O. p. 52).

Ebenfalls mit ziemlicher Sicherheit lässt sich folgende Angabe Varro's aus Polemo's περιήγησις Ἰλίου herleiten:

| Eustath. ad Il. II p. 228: | Varro bei Servius Aen. II, 81: |
|---|---|
| Καιρὸν δὲ οὐδὲν καὶ τοιοῦτον ἀνατεθεῖσθαι λίθον ἐν τοῖς ἐκεῖ. ἐπεί τοι καὶ Παλαμήδους ἐπινοησαμένου κυβείαν καὶ πεττείαν ἐν Ἰλίῳ εἰς παραμύθιον λιμοῦ κατασχόντος τὴν στρατιὰν λίθος ἐκεῖ ἐδείκνυτο, καθὰ Πολέμων ἱστορεῖ, ἐφ' οὗ ἐπέσσευον. | Palamedem constat fuisse prudentem, nam et tabulam ipse invenit ad conprimendas otiosi seditiones exercitus, ut Varro testatur. Zu *tabulam* bemerkt Preller (a. a. O. p. 65): „i. e. τὸ Παλαμήδειον ἀβάκιον, in quo πεσσοὶ ludebantur, cf. Jahn Palamed. p. 27." |

Wenden wir uns nun speciell zu Augustinus, so ist schon oben (p. 17) bemerkt worden, dass einzelne Angaben desselben über die älteste argivische Geschichte, für die wir gerade Varro als Quelle annehmen mussten, mit Wahrscheinlichkeit aus Polemo's Schriften und zwar dann jedenfalls aus dem *Argolica*\*) betitelten Teile des Ἑλλαδικός herrühren. Vorzugsweise gilt dies von der Notiz über die Einführung des Ackerbaues in Argos, welche wir der Vollständigkeit halber mit den entsprechenden Parallelberichten hierhersetzen:

| Polemo bein Schol. Aristid. Panath. p. 321 | Festus p. 121 (Müller): | Augustin. Cic. dei XVIII, 6: |
|---|---|---|
| Ddf: τοῦτο ἐπὶ τῶν Ἀργείων εἰσήγαγεν, ἐπειδὴ καὶ Ἀργείους οἶδε [μέγα] φρονοῦντας ὡς ἐν τῇ Ἀργείᾳ σπαρέντος τοῦ πυρῶν σπέρματος. ἐκ Λιβύης Ἄργου μεταπεμψαμένου. διὸ καὶ Δήμητρος Λιβύσσης ἱερὸν ἵδρυσεν ἐν τῷ Ἄργει, ἐν Χαράδρᾳ οὕτω καλουμένῳ τόπῳ, ὥς φησι Πολέμων. | Libycus campus in agro Argeo appellatus, quod in eo primum fruges ex Libya allatae sunt. Quam ob causam etiam Ceres ab Argeis Libyssa vocata est. | Regnante Argo suis coepit uti frugibus Graecia et habere segetes in agricultura, delatis aliunde seminibus. |

S:os vocibant, qui postea a Romanis Salii appellati sunt. S. auch die Anmerkung Müllers zu der Stelle des Festus.

\*) Auch dieser Titel ist freilich nicht ausdrücklich bezeugt.

Hiernach ist es höchst wahrscheinlich, dass auch die beiden sich unmittelbar anschliessenden Angaben des Augustinus (p. 263,19—23) über die göttliche Verehrung des Königs Argus sowie über Homogyrus wegen ihres inneren Zusammenhanges mit dem Vorhergehenden ebenfalls durch Vermittlung des Varro aus dem *Ἑλλαδικός* des Polemo herstammen. Ob ausserdem noch die eine oder die andere Notiz des Augustinus (resp. des Varro) aus der argivischen Geschichte dem Polemo zugewiesen werden darf, muss fraglich bleiben: vielleicht dasjenige, was über Apis (Serapis) und Isis berichtet ist (vergl. oben p. 16), vielleicht auch die aus argivischer Lokaltradition stammende Angabe über Phegeus (Phegous), den Bruder des Phoroneus (vergl. oben p. 13 f.).

Besonders eingehend scheint Polemo über Sikyon gehandelt zu haben (s. Preller a. a. O. p. 45 ff.). Da uns nun gerade mehrfache Angaben über sikyonische Geschichte und Altertümer von eigentümlicher Seltenheit bei Augustinus begegnet sind, die wir auf Varro's Bücher *de gente P. R.* und in letzter Instanz auf sikyonische Lokaltradition zurückführen mussten (vergl. p. 259,10 ff. 27; 260,2 ff.; 261,4), so liegt die Vermutung nahe, dass Polemo's *Sicyonica* die Grundquelle dieser Angaben gewesen seien. Für den allein bei Augustinus (p. 261,4) sich findenden Namen des neunten Sikyonierkönigs Cephisos, den wir schon oben (p. 15) zu dem gleichnamigen sikyonischen Fluss in Beziehung gebracht haben, möge hier noch auf Schol. Eurip. Med. v. 827 (frg. 81 Preller) hingewiesen werden: *τοῦ καλλ. Κηφισοῦ] νῦν τοῦ ἐν Ἀττικῇ μνημονεύει. ἔστι γὰρ καὶ ἕτερος ὁμώνυμος ἐν Βοιωτίᾳ. εἰσὶ δὲ καὶ ἕτεροι, καθά φησι Πολέμων ἐν τῷ περὶ ποταμῶν, γράφων οὕτως· „ἐν Ἀθήνῃσί τε Κηφισσὸς καὶ ἐν Σικυῶνι καὶ ἐν Ἄργει . . . .“*

Auch für die attische Geschichte wird Varro dem Augustinus manches aus den Schriften Polemo's übermittelt haben, obschon sich ein Beweis dafür, soweit ich sehe, nicht erbringen lässt. Nur die Nachricht über den Kult des Königs Codrus (Cap. 19 p. 281,15) glaubten wir wegen ihres durchaus lokalen Charakters auf Polemo's Schrift *περὶ τῆς Ἀθήνῃσιν ἀκροπόλεως* zurückführen zu dürfen. Ebendaher stammt vielleicht auch die Angabe über den Tempel des Vulcanus und der Minerva (d. h. des Erechtheion) in Cap. 12 (p. 271,16 ff.).

Endlich scheint auch dasjenige, was Augustinus (Cap. 16 p. 276,12 ff.) über den Kultus des Diomedes aus Varro beibringt, wenigstens zum teil aus Polemo's Schriften entnommen zu sein; vergl. Schol. vet. Pind. Nem. X, 12 (frg. 20 Preller).[*]

---

[*] Aus Varro, wenn auch wohl nicht lediglich aus ihm hat Juba bei Plin. nat. hist X § 126 f. (frg. 65 a Müller) seinen Bericht über die Vögel des Diomedes. Wie dies hier sogar an Übereinstimmungen im Wortlaut erhellt, so ist ja die Benutzung varronischer Gelehrsamkeit auch anderweitig für Juba gesichert (A. Barth, de Jubae *ὁμοιότησιν* a Plutarcho expressis in quaestionibus Romanis et in Romulo Numaque. Diss. inaug. Gottingae 1876).

# Exkurs III.
## Die Regierungszeit des Belus.

Es ist p. 9 f. die Vermutung ausgesprochen, dass Augustinus vielleicht seine Angabe über die 65jährige Regierungszeit des Königs Belus als Variante in dem Geschichtswerke des Africanus vorgefunden habe, da die allgemeine Bezeichnung der Quelle als „Graeca historia" (XII. 11) auf die Benutzung eines **griechischen** Schriftstellers führe. Letzteres ist richtig, dagegen wäre allerdings die Vermutung hinsichtlich des Africanus besser unterdrückt worden, denn was Augustinus a. a. O. noch weiter offenbar aus derselben Quelle mitteilt, stimmt nicht zu den chronologischen Ansätzen des Africanus. Indem der Kirchenvater nämlich die Schwindelchronologie, auf welcher die Weltgeschichte in dem gefälschten Briefe Alexanders des Grossen an seine Mutter Olympias aufgebaut war, als unwahr zu erweisen sucht, stellt er die übertriebenen Zahlen jenes Briefes mit den beglaubigten der „Graeca historia" zusammen. Dass Augustinus mit der letzteren **eine bestimmte** Schrift gemeint habe, ist wahrscheinlich, obschon man sich natürlich hüten muss „historia" geradezu als „**Geschichtswerk**" zu fassen. Die einzelnen Posten, die so zur Vergleichung kommen, sind folgende:

|   | Epistula Alexandri. | Graeca historia. |
|---|---|---|
| 1. Assyrerherrschaft | über 5000 Jahre | ungefähr 1300 d. h. (65+1240) = 1305 (S. oben p. 10). |
| 2. a) Perser<br>b) Macedonier<br>(bis zum Tode Alexanders) | a und b zusammen über 8000 Jahre | a) 233 Jahre<br>b) 485 Jahre. |

Man ersieht leicht, dass die Ansätze der Graeca historia weder mit Eusebius (Hieronymus) noch mit Africanus übereinstimmen. Denn, — um mit dem letzten Posten zu beginnen —, die Dauer der macedonischen Herrschaft von ihrem Beginn bis zum Tode Alexanders des Grossen beträgt bei ersterem 489 Jahre (vom a. Abr. 1204—1692), bei letzterem nach Gelzers Berechnung (Afr. I, 156) 487 Jahre, während die Dauer des persischen Reiches sowohl von Eusebius als von Africanus auf 230 Jahre*) bestimmt wird. Die Summe der assyrischen Regierungen endlich beläuft sich bei Africanus, wenn auch im einzelnen noch nicht völlige Klarheit herrscht,**) jedenfalls höher als in der Graeca historia, während Eusebius allerdings hinsichtlich der 1240 Jahre von Ninus bis zum Sturze der Assyrerherrschaft im Einklang ist, dagegen für Belus keine Regierungsdauer angemerkt hat.

Ergiebt sich somit einerseits, dass unsere obige Vermutung,

---

*) Hieronymus rechnet zwar 231 Jahre, doch irrtümlich, s. jetzt Mommsen. Prooemium zu Jordanes p. XVII.
**) Vergl. Gelzer, Africanus I, 209 ff.; Unger, Abh. d. bayer. Akad. d. W. I. Cl. XVII. Bd. III. Abth. p. 559 ff.

Augustinus habe seine Notiz über die 65jährige Regierungszeit des Belus aus der Chronographie des Africanus entnommen, unhaltbar sei, so haben wir doch auch andererseits jetzt einen vollgültigen Beweis für die Annahme gewonnen, dass jene Notiz nicht aus einem überarbeiteten und ergänzten Exemplare der Chronik des Hieronymus herrühre. Damit aber tritt nun aufs neue die Frage an uns heran, welcher Quelle denn Augustinus thatsächlich gefolgt sei. Eine definitive Beantwortung dieser Frage wird sich zur Zeit schwerlich geben lassen, da die chronologischen Ansätze der Graeca historia für die Dauer der persischen und macedonischen Herrschaft meines Wissens sonst nirgends begegnen. Zunächst ist nur soviel sicher, dass wir es mit einer griechischen Chronographie zu thun haben. Ferner wird die Übereinstimmung mit der Chronologie des Eusebius hinsichtlich der Dauer des Assyrerreiches (1240 Jahre ausschliesslich Belus) schwerlich auf reinem Zufall beruhen. Endlich ist es bemerkenswert, dass von den verschiedenen Dynastieen gerade die *regna* der Assyrer, Perser und Macedonier genannt werden: nimmt man dazu noch die Römer, so hat man die vier Reiche der Weissagung des Propheten Daniel, von denen Augustinus *Civ. dei* XX, 23 (p. 465,3—7) sagt: *Quattuor illa regna exposuerunt quidam Assyriorum, Persarum, Macedonum et Romanorum. Quam vero convenienter id fecerint, qui nosse desiderant, legant presbyteri Hieronymi librum in Danielem satis erudite diligenterque conscriptum.* Sollte es nun nicht denkbar sein, dass der Chronograph, aus welchem Augustinus seine Angaben über die Regierungszeit des Belus und die Dauer des persischen und macedonischen Reiches schöpfte, es sich vorgenommen gehabt habe, mit Benutzung der chronikalischen Vorarbeiten des Eusebius gerade die Geschichte jener vier Reiche zur Darstellung zu bringen? Die Möglichkeit eines derartigen Faktums wird zur Evidenz erwiesen durch die Romana des Jordanes, die thatsächlich im wesentlichen nichts anderes sind als eine derartige Darstellung, vergl. Cap. 12 *regem seriem persequamur et . . . . . primum Assyriorum, deinde Medorum Persarumque et Grecorum currentes, ad Romanum quomodo delatum est . . . . . exequamur,* ferner Cap. 84 *regnumque eorum in Romanorum imperio devenit, ubi et usque actenus et usque in finem mundi secundum Danielis prophetia regni debetur successio.*

## Exkurs IV.
### Die Capitelüberschriften des Augustinus.

Die Sitte der Capiteleinteilung ist nachweislich älter als Augustinus (s. Birt, antikes Buchwesen, Berlin 1882 p. 157 ff.); auch finden sich bereits Capitelüberschriften in dem Papyrus chemicus Nr. 66 (s. Leemans, Horapollo S. XXII, Birt a. a. O.), dennoch wird mir bei der zu Cap. 15 (p. 43) aufgestellten Behauptung, Augustinus habe die in den Handschriften der *Civitas dei* sich findenden Capitelüberschriften selbst verfasst, etwas bange, obschon freilich die im Zusammenhange mit jener Behauptung angestellte Erörterung dadurch in keiner Weise beeinträchtigt wird. Ich habe die Capitelüberschriften des XVIII. Buches einer genaueren Prüfung unterzogen und finde, dass manche von ihnen so wenig zu dem Inhalt der betreffenden Capitel passen, dass man schwerlich den Augustinus als Verfasser wird ansehen können. Meistens lassen sich die Abschnitte im Texte des Augustinus leicht nachweisen, aus welchen die Überschriften gebildet sind. So, um nur einiges hier hervorzuheben, ist die Überschrift von Cap. 3 lediglich nach dem Anfang des Capitels (Z. 19 *Huius temporibus* — 29 *septimis regibus*) gearbeitet, der ganze übrige Teil ist unberücksichtigt geblieben; ähnlich ist von Cap. 7 nur p. 263,26 *Regnantibus* — 264,2 *decem* verwertet, von Cap. 12 nur p. 269,28 — 270,9 *redierunt*, von Cap. 14 nur p. 274,3—17 *impiorum*, von Cap. 15 nur p. 274,26 — 29 *accepit*, von Cap. 19 nur p. 280,26 — 31 *Labdon fuit*, von Cap. 24 nur p. 288,14—24 *Romani*, von Cap. 26 nur p. 290,26 *Sub Dario* — 31 *coeperunt*. Ganz verkehrt ist auch die Überschrift von Cap. 36: „*de Esdra et libris Macchabaeorum*", während faktisch über Esdra und die nach ihm in Juda herrschenden „*principes usque ad Aristobulum*" gehandelt und dabei beiläufig der Maccabäerbücher gedacht ist.

Das Gesagte wird genügen, um sich ein Urteil über den Wert der Capitelüberschriften der *Civitas dei* bilden zu können. Endgültiges darüber sowie über die Capiteleinteilung des Augustinus überhaupt lässt sich nur unter vollständiger Benutzung des handschriftlichen Materials ausmachen.

## Quellenübersicht.[1]

1) **Ennius.**
*Euemerus:* Cap. 13 p. 273,2—4 (?).*
Cap. 14 p. 274,17—22.*

2) **Varro.**[2]
a) *de gente Populi Romani.*
Cap. 2 p. 257,21—24; 258, 17—20: 259,11—13.
Cap. 3 p. 259,28; 260,2—4. 16—26. 28—33; 261,4.
Cap. 5 p. 262,4—26.
Cap. 6 p. 263,18—23.
Cap. 8 p. 264,28; 264,31—265,6; 265,30—33.
Cap. 9 p. 266,11—32.
Cap. 10 p. 268,11—23.
Cap. 12 p. 270,1—9. 11—20. 29—34: 271,11—23.
Cap. 13 p. 272,27—28.
Cap. 15 p. 275,4—6. 8—10. 18—30.
Cap. 16 und 17 (p. 276,1—277,17).
Cap. 19 p. 281,3—6. 15—16. 22—23.
Cap. 21 p. 282,29—283,2.
Cap. 37 p. 313,5—7.
Cap. 40 p. 316,7—11.

b) *Antiquitates rerum divinarum.*
Cap. 8 p. 265,22—24.*

Cap. 10 p. 267,18—21; 267, 23—268,11.
Cap. 12 p. 270,20—29.*
Cap. 13 p. 273,23—27.*
Cap. 23 p. 285,5—6; 288,7—8.

c) *Curio de cultu deorum.*
Cap. 24 p. 289,3—5.

3) **Cicero.**
*Tusculan. disput.* (V, 7) — Cap. 24 p. 288,17.
*De republ.* (II, 10) — Cap. 24 p. 288,24—29.

4) **Sallustius.**
*Catil.* (8) — Cap. 2 p. 257, 27—258,2. — *Jugurth.* (17) — Cap. 2 p. 258,7—9.

5) **Livius.**
Cap. 13 p. 273,23—27 (?).

6) **Vergilius.**
Cap. 8 p. 265,7 und 20.*
Cap. 13 p. 272,10—12.*
Cap. 19 p. 280,27: 281,16.
Cap. 20 p. 282,11—14.

6a) **Vergilkommentar.**
S. Exkurs I p. 69 ff.

---

[1]) Es war bei dieser Quellenübersicht nicht immer möglich, das Gut der einzelnen Gewährsmänner völlig streng zu scheiden. Man wird daher, wo es darauf ankommt, die vorstehenden Untersuchungen zu rate ziehen müssen. Diejenigen Abschnitte, welche von uns mit einem * bezeichnet sind, hat Kettner (Varronische Studien, Halle 1865) entweder ganz oder teilweise Varro's Schrift *de gente P. R.* zugewiesen.

[2]) Vergl. im allgemeinen oben p. 3 ff., wo auch über das Verhältnis Varro's zu Castor gehandelt ist (ausserdem p. 25, p. 47 und p. 51). Über Polemo als Quelle Varro's s. Exkurs II p. 74 ff.

7) **Horatius.**
Cap. 8 p. 265,6—10.*

8) **Ovidius.**
Cap. 13. p. 272,7—10.*

9) **Justinus.**
Cap. 2 p. 258,6—12; 259,3—4.
Cap. 19 p. 281,6—12.* (vergl. jedoch auch Exkurs I p. 74).
Cap. 20 p. 282,6—8.*
Cap. 21 p. 283,8.
Cap. 22 p. 284,11—15.

10) **Solinus.**
Cap. 2 p. 258,11.

11) **Lactantius.**
Cap. 12. p. 271,12—16.*
Cap. 13 p. 273,2—4* (vergl. jedoch auch unter *Ennius*).
Cap. 14 p. 274,3—14.
Cap. 15 p. 275,10.
Cap. 23 p. 287,16—288,6.
Cap. 24 p. 288,15—17.*
Cap. 25 p. 290,3—4.

12) **Terentianus Maurus** (*de Metris*).
Cap. 2 p. 257,22.

13) **Epistula Alexandri Magni.**
Cap. 40 p. 316,4—6.

14) **Julius Africanus** (vergl. p. 7 f.).
Cap. 3 p. 260,4—14.*
Cap. 6 p. 253,8—10.
Cap. 7 p. 263,27.
Cap. 8 p. 265,4; 266,1—2.
Cap. 10 p. 268,26—28.*
Cap. 12 p. 270,9—11; 271,4—6.
Cap. 13 p. 272,31—273,2.*
Cap. 15 p. 274,27—29;* 275, 6—8. 10. 22—23.*
Cap. 22 p. 284,29—30.
Cap. 23 p. 285,4—5.*
Cap. 26 p. 290,23—25.
Cap. 31 p. 298,4—5.
Cap. 45 p. 327,6—7.

15) **Eusebios — Hieronymus** (vergl. p. 6 f.)
Cap. 2 p. 257,18—21;* 258, 6—12. 14—16. 28—30;* 258,30—259,3; 259,5. 7—10.
Cap. 3 p. 259,19—260,2;* 260, 4—16.* 26—28.
Cap. 4 p. 261,3—10.* 12—14. 24—30.
Cap. 5 p. 262,4—6.*
Cap. 6 p. 263,7—8.* 10—15.*
Cap. 7 p. 263,26—264,4; p. 264, 9—10.
Cap. 8 p. 264,14—31;* 265, 6—7.* 10—13.* 17—20;* p. 265,33—266,7.*
Cap. 10 p. 267,18—268,11;* 268,23—26.
Cap. 11 p. 268,33—269,13;* 269,16—17. 19—23.*
Cap. 12 p. 269,28—29; 270,32;* 271,9—11.*
Cap. 13 p. 272,4—26;* 272, 31—273,31.*
Cap. 14 p. 274,3;* 13—14;* 17—21.*
Cap. 15 p. 274,26—27.* 29.
Cap. 19 p. 280,26—281,3;* 281,6—7.* 16—22.*
Cap. 20 p. 281,27—282,2;* 282, 3—14.*
Cap. 21 p. 282,29—283,2; 283, 4—9.
Cap. 22 p. 284,12. 18. 23—29. 31—33.
Cap. 23 p. 285,4—5.*
Cap. 24 p. 288,14.* 18—20. 22—24;* 289,14—17.*
Cap. 25 p. 289,22—25.* 28—33; 290,9.* 10—12.*
Cap. 26 p. 290,17—25. 26—31.*
Cap. 27 p. 291,26—292,4.
Cap. 31 p. 297,30—298,4.
Cap. 33 p. 304,1—9.
Cap. 34 p. 306,4—5.
Cap. 35 p. 307,7—8.
Cap. 36 p. 311,3—5. 6—8.

Cap. 37 p. 311,27—312,20; 313,7—9.
Cap. 39 p. 315,26—29.
Cap. 42 p. 320,22—26.
Cap. 45 p. 326,1—327,32.
Cap. 46 p. 328,10—13.
16) **Unbekannte griechische Chronographie.**
S. unsere Bemerkungen p. 77 f.

17) **Fastenchronik.**
Cap. 54 p. 344,3—31.

18) **Chorograph des Orosius.**
Cap. 2 p. 258,7—9.

19) **Bibel und Augustinus.**
S. die speziellen Nachweise im Texte.

---

Endlich erübrigt noch eine Zusammenstellung der im Verlauf unserer Untersuchung kritisch behandelten Stellen:

Cap. 3 p. 260,16 *Phegous* lies *Phegeus* (?).
Cap. 7 p. 264,3 *centum quadraginta quinque* lies *centum quadraginta quattuor*.
Cap. 8 p. 264,14 *Saphrus* lies *Sphaerus* (?).
Cap. 19 p. 281,20 *Oneo* lies *Thineo* (?).

Servius Aen. VIII, 564: *tunc enim, sicut et Varro dicit, omnes qui fecerant fortiter, Hercules vocabantur: licet eos primo XLIII. enumeraverit, hinc est quod legimus Herculem Tirynthium, Argivum, Thebanum, Libym.* Für *Tirynthium*, lies *Tyrium*. (S. oben p. 29).

Varro R. R. III, 1, 2: Die handschriftliche Überlieferung *Ogygos* wird verteidigt; ferner wird die Einschiebung von *nam* vor *in hoc nunc denique est* verworfen (p. 52).